HAMSTERS

CRIAÇÃO E TREINAMENTO

4ª EDIÇÃO REVISTA E AMPLIADA

EDITORA FILIADA

Foto da capa – Hamster sírio fêmea com 10 meses – Proprietária Sra. Tereza Digiorgio – Mondo Sommerso – SP

MÁRCIO INFANTE VIEIRA

Médico Veterinário
Fundador e 1º Presidente da Associação Fluminense de Cunicultura
Membro do Centro de Estudos de Informação e Extensão Agrícola
Conselheiro do Alto Conselho Agrícola do Estado de São Paulo
Assistente da Divisão de Medicina Veterinária do Instituto Vital Brasil
Membro do Conselho de Agricultura do Estado do Rio de Janeiro
Fiscal da Carteira Agrícola do Banco do Brasil
Coordenador Técnico do Banco Central do Brasil
Presidente da Associação Brasileira de Criadores de Coelhos
Credenciado pelo Ministério da Agricultura

HAMSTERS

CRIAÇÃO E TREINAMENTO

4ª EDIÇÃO REVISTA E AMPLIADA

HAMSTERS – CRIAÇÃO E TREINAMENTO

MÁRCIO INFANTE VIEIRA

4ª Edição Revista e Ampliada 2005

Supervisão Editorial: *Jair Lot Vieira*
Editor: *Alexandre Rudyard Benevides*
Capa: *Equipe Edipro*
Fotos: *Do Autor*
Revisão: *Ricardo Virando e Richard Rett*
Digitação: *Richard Rett*

Dados de Catalogação na Fonte (CIP) Internacional
(Câmara Brasileira do Livro, SP, Brasil)

Vieira, Márcio Infante, 1922-
    Hamsters – criação e treinamento / Márcio Infante Vieira – Bauru, SP: Lipel Edições, 4ª ed. rev. e ampl., 2005. – (Série Pets).

    ISBN 85-89988-22-8

    1. Hamsters 2. Hamsters – Criação I. Título. II. Série.

03-7403   CDD-599.3234

Índices para catálogo sistemático:
1. Hamsters : Zoologia : 599.3234

LIPEL – LIVRO E PAPEL LTDA.

BAURU : Rua 1º de Agosto, 2-61 – Centro – CEP 17010-011
FONE (14) 3232-6233 – FAX (14) 3232-4412

RIBEIRÃO PRETO: Rua Santos Dumont, 721 – Vila Tibério – CEP 14050-060
FONE (16) 636-3183 – FAX (16) 636-3844

SÃO PAULO: Rua Conde de São Joaquim, 332 – Liberdade – CEP 01320-010
FONE (11) 3107-4788 – FAX (11) 3107-0061

e-mail: *edipro@uol.com.br*

SUMÁRIO

INTRODUÇÃO	9
Capítulo I	
ESPÉCIES DE HAMSTERS E SUA CLASSIFICAÇÃO	11
1.1. Hamsters Sírios	12
1.2. Olhos	12
1.3. Orelhas	12
1.4. Dedos	12
1.5. Bolsas	14
1.6. Personalidade	14
1.7. Aparência	14
Capítulo II	
SEGURANDO UM HAMSTER	15
Capítulo III	
ESCOLHA OU SELEÇÃO E AQUISIÇÃO DE HAMSTERS	17
Capítulo IV	
AS CORES DOS HAMSTERS SÍRIOS	19
4.1. Como obter as cores	21

Capítulo V
JULGAMENTO EM EXPOSIÇÕES 23
    5.1. Hamsters sírios • Castanhos comuns • Cotia dourado 23
    5.2. Corsa dourada 24
    5.3. Hamsters cremes 24
    5.4. Hamsters brancos 25
    5.5. Hamsters malhados 25
    5.6. Hamsters cintados 25
    5.7. Contagem de pontos 25
        5.7.1. Hamsters castanhos – Variedade cotia dourada 26
        5.7.2. Hamsters castanhos – Variedade corsa dourada 26
        5.7.3. Hamsters cremes 26
        5.7.4. Hamsters brancos (de acordo com a variedade) 27
        5.7.5. Hamsters malhados 27
        5.7.6. Hamsters cintados 27
    5.8. Defeitos 28

Capítulo VI
MÉTODOS DE CRIAÇÃO 29
    6.1. Individual 29
    6.2. Casal permanente 30
    6.3. Colônia 30

Capítulo VII
REPRODUÇÃO E CRIAÇÃO 31
    7.1. Tipos de reprodução 31
    7.2. Reprodução – Alguns fatores 32
        7.2.1. Fecundidade 32
        7.2.2. Fertilidade 33
        7.2.3. Prolificidade 33
        7.2.4. Esterilidade 33
    7.3. Ciclo sexual ou estral 34
        7.3.1. Cio ou estro 34
        7.3.2. Sinais do cio 34
    7.4. Escolha ou seleção dos machos 35

7.5. Seleção ou escolha das fêmeas 36
7.6. Época da reprodução 36
7.7. Idade para a reprodução e maturidade sexual 36
7.8. Acasalamento 35
7.9. Tipos de acasalamentos 39
    7.9.1. À mão 39
    7.9.2. Livre ou em colônia 39
    7.9.3. Casal permanente 40
    7.9.4. Acidentes nos acasalamentos 40
    7.9.5. Acasalamento em série 41
7.10. Sintomas de fecundação 41
7.11. Gestação 42
    7.11.1. Períodos de gestação 42
7.12. O ninho 45
7.13. O parto 46
7.14. Número de filhotes 46
7.15. Alguns cuidados com os filhotes 46
7.16. Desmama 47
7.17. Canibalismo 48
7.18. Transferência de filhotes 50
    7.18.1. Sexo e sexagem 50
    7.18.2. Lactação e desmama 51
    7.18.3. Separação dos sexos 52
7.19. Métodos de identificação 53
7.20. Hibernação 54

Capítulo VIII
ALIMENTAÇÃO 55
    8.1. Distribuição dos alimentos 56

Capítulo IX
INSTALAÇÕES 59
    9.1. Escolha 59
    9.2. Localização 59
        9.2.1. Áreas necessárias 62

   9.2.2. Gaiolas ou caixas 62
      9.2.2.1. Gaiolas coletivas 63
      9.2.2.2. Cama 63
  9.3. Comedouros 64
  9.4. Bebedouros 64
  9.5. Roda giratória 64
  9.6. Ninho 64
  9.7. Caixas para transporte 64
  9.8. Brinquedos 65

Capítulo X
SAÚDE E DOENÇA 67
  10.1. Para ter uma criação sadia 68
  10.2. Lança-chamas 69
  10.3. Material cirúrgico 69

Capítulo XI
ENSINO E TREINAMENTO 71
  11.1. Para amansar 71
  11.2. Treinamento 72
  11.3. A dançar 73
  11.4. Andar pela coleira 73
  11.5. Puxar um carrinho 74
  11.6. Corrida de hamster 74

Capítulo XII
HAMSTER CHINÊS (*Cricetus griseus*) 77
  12.1. Criação 77
  12.2. Escolha dos reprodutores 78
  12.3. Reprodução 78
  12.4. Desmama 79
  12.5. Identificação dos sexos 79
  12.6. Alimentação 79
  12.7. Instalações 79
  12.8. Higiene 80

INTRODUÇÃO

Hamster vem da palavra alemã *hamster*, que significa juntar, amontoar, esconder. Este nome foi dado aos *hamsters*, porque esses pequenos animais têm o hábito de encherem as suas duas bolsas, uma de cada lado de dentro da sua boca, com alimentos, para que outros animais não os comam ou com o objetivo de carregá-los, para guardá-los ou escondê-los em um dos cantos da sua gaiola, o que eles fazem estimulados pelo seu instinto de guardar a comida, em seu esconderijo, como o faziam os seus ancestrais, quando ainda em estado selvagem.

Os *hamsters* são um dos mais indicados como animais de estimação, porque o seu preço de custo é muito baixo; a sua manutenção é barata; exigem um pequeno espaço podendo, por isso, ser mantidos e criados em casas ou apartamentos e até em pequenos cômodos isolados; são muito limpos e não "cheiram", além de não darem gritos ou fazerem barulhos que incomodem, inclusive, os vizinhos, pois não são barulhentos. Possuem uma ótima saúde, são resistentes e, praticamente, isentos de doenças.

Eles são pequenos animais, cativantes por serem muito bonitinhos, independentes, sociáveis, inteligentes, "fofos", engraçadinhos, dóceis, que ficam mansos e que aprendem muitas coisas, inclusive atender pelo nome.

Além disso, apresentam uma qualidade importante, que é não estarem sujeitos à "síndrome da separação", como os cães, sofrendo por se sentirem abandonados e solitários, quando são deixados sozinhos, em casa.

Eles oferecem ainda, outras vantagens, como não serem ariscos, se deixarem pegar e ser levados nas mãos ou no colo das pessoas; não tomarem banho; não necessitarem de ser levados a passear, todos os dias, como os cães; não fazerem barulhos que incomodem os vizinhos; dificilmente adoecem e precisam ser levados a um médico veterinário. Eles gostam de andar soltos, livres pela casa, explorando o ambiente e pegando com as mãos, tudo o que encontram em seu caminho.

São muito poucos os trabalhos necessários para cuidar e tratar dos *hamsters*, pois basta, de um modo geral, limpar e lavar a sua gaiola e lhes dar os alimentos diários necessários, o que exige, apenas, uns poucos minutos, por dia. Para se alimentarem, eles pegam os alimentos com as mãos, para os levar à boca.

Possuir *hamsters* como animais de estimação é, como já o demonstramos, muito fácil, agradável, saudável e mesmo, uma terapia ocupacional. Criá-los, com objetivo comercial é bastante lucrativo.

Somente os coelhos superam os *hamsters*, em número, como animais de estimação, nos Estados Unidos e na Inglaterra.

No presente trabalho tratamos das criações dos *hamsters sírios* e dos *hamsters chineses*.

Capítulo I
Espécies de Hamsters e sua Classificação

Existem 54 espécies, sub-espécies e variedades de *hamsters*, mas entre elas, quatro são criadas, e com o maior sucesso, como animais de estimação:

— **hamster sírio ou dourado** (*Mesocricetus auratus*) e

— **hamster chinês** (*Crisetulus griseus*).

As outra duas, são conhecidas, popularmente, por espécies anãs ou *dwarfs*, em Inglês, devido ao seu pequeno porte ou tamanhão.

São elas:

— **Phodopus roborovski** e

— **Phodopus sungorus sungorus**.

Desta última espécie, originou-se uma sub-espécie, a

— **Phodopus sungorus campbelli**, que está sendo, também, criada como animal de estimação.

De uma criação bem orientada, das espécies de *hamsters* mencionadas anteriormente, foram selecionadas e fixadas diversas mutações como, por exemplo, no caso do *hamster* Sírio, do qual já existem perto de 20 mutações de cor, além de 4 de pelagem, ou seja: *angorá* ou *longa*; *cetim*, cujos pêlos são muito brilhantes; *rex*, com os pêlos ondulados e a sem pêlos, ou seja, na qual não existe a pelagem. Além disso, excetuando-se o

Phodopus roborovski, os Anões e o Chinês já apresentam algumas mutações em relação à sua pelagem ou à sua coloração.

Quanto às cores, encontramos *hamsters* de uma só cor como brancos, champagnes, marrons, etc, e de mais de uma cor ou coloridos, nas cores marrom-e-branco, pêssego-e-branco, prata-e-branco, panda, cinza acastanhado, etc, inclusive cintados e malhados.

1.1. HAMSTERS SÍRIOS

São conhecidos, também, como *hamsters* dourados, esquilinhos do Líbano ou somente esquilinhos. Sua cor original é o castanho. Apareceram, depois, *hamsters* de diversas outras cores, como mencionados, anteriormente.

Apesar de conhecidos como esquilinhos do Líbano, eles são, realmente, originários da Síria, país no qual foram capturados os primeiros *hamsters*, no deserto, perto da cidade de Alepo, e que foram criados em cativeiro e que eram uma fêmea com a sua ninhada.

1.2. OLHOS

Seus olhos são vivos e brilhantes e podem ser pretos ou vermelhos, especialmente nos *hamsters* albinos, porque estes não possuem pigmentos nos seus globos oculares que, por isso, se tornam transparentes, permitindo que seja vista a rede de vasos sangüíneos que os irriga e que lhes dá a cor vermelha aparente.

1.3. ORELHAS

Suas orelhas são grandes e ficam normalmente, em pé. Podem ser claras, escuras ou pretas, apresentando alguns pêlos finos.

1.4. DEDOS

Nas suas patas dianteiras, os *hamsters* possuem 4 dedos e 1 polegar rudimentar, fazendo com que elas fiquem parecendo com as mãos das pessoas. É com essas patas ou mãos, que os *hamsters* pegam os seus alimentos e os levam à boca, para comer.

Hamster panda - preto e branco

Hamster chinês com 30 dias

Os *hamsters* possuem, nas suas patas traseiras, todos os 5 dedos desenvolvidos.

1.5. BOLSAS

Outra característica muito interessante, que os *hamsters* apresentam, são as suas duas bolsas dentro da boca, uma de cada lado da sua cabeça, do seu pescoço e parte do seu tórax e que, possuindo bastante elasticidade, tornam possível, que nelas sejam guardadas grandes quantidades de alimentos, que eles costumam, depois, armazenar em seus esconderijos.

Elas são independentes uma da outra. Além disso, não possuem nenhuma ligação com o aparelho digestivo. Elas servem, realmente, como um depósito para comidas, para o transporte de alimentos e para levarem os materiais para construírem os seus ninhos.

1.6. PERSONALIDADE

Os *hamsters*, podemos assim dizer, possuem duas personalidades ou duas maneiras de agir, bem diferentes e antagônicas, mesmo, porque passam o dia inteiro dormindo, sonolentos e com muita preguiça. Quando, porém, começa a anoitecer, eles despertam, tomam o seu banho típico, lambendo-se e se esfregando com as mãos.

Depois dessa "cerimônia" toda, eles se tornam muito ativos e, com grande vivacidade, deslocam-se andando ou correndo pela sua gaiola ou pela caixa em que vivem, além de brincar e de fazer exercícios nas rodas giratórias e em outros brinquedos nela existentes.

Importante também, é frizarmos, que esse é o período dos acasalamentos.

1.7. APARÊNCIA

Levando em consideração a sua aparência, nós achamos os *hamsters* muito parecidos com ursinhos, principalmente quando eles ficam de pé, somente sobre as suas pernas e patas traseiras. Muitas pessoas, no entanto, os consideram muito parecidos com esquilinhos e com outros pequenos animais.

Capítulo II
Segurando um Hamster

A primeira coisa que devemos fazer, quando queremos ter um animal, é saber como segurá-lo e o fazermos da maneira correta.

Os *hamsters*, por exemplo, devem ser tratados com todo o cuidado e carinho, pois são animais muito pequenos, delicados e frágeis, em relação à força humana, mesmo de crianças pequenas.

Por esse motivo, não devemos, nunca, segurá-los com muita firmeza ou com força, ou então, deixá-los cair, porque podem se machucar. Um tombo pode causar ferimentos, às vezes muito sérios; as mais graves lesões; fraturas; aleijões; paralisias diversas; tetraplegia ou até provocar a sua morte.

As maneiras corretas para segurar ou conter esses pequenos animais podem variar, não só de acordo com o objetivo desejado, mas também, com os *hamsters* com os quais estamos lidando, pois eles, na hora, podem estar calmos, nervosos ou assustados.

As principais formas para conter um *hamster*, são:

1ª) segurá-lo pela sua pele das costas ou do dorso, quando for apenas para transportá-lo de um lugar para outro, mas que seja bem perto como, por exemplo, para trocá-lo de gaiolas;

2ª) segurar o *hamster*, da mesma forma, mas apoiando as suas costas na palma da nossa mão, para que ele fique de barriga para cima, permitindo assim, que examinemos os seus órgãos genitais, para verificarmos o seu sexo;

3ª) colocamos cada uma das mãos, de um dos lados do animalzinho, formando, com elas, uma concha, contendo-o, assim, com muita delicadeza, principalmente quando se tratar de uma fêmea em gestação;

4ª) se o fizermos de maneira delicada, podemos segurar o *hamster*, de qualquer maneira, desde que ele já seja manso.

Não devemos ficar segurando os *hamsters* quando eles estão com as bolsas cheias de alimentos ou de materiais que eles estão transportando, pois os incomodamos com isso e podemos machucá-los ou até mesmo, provocar o rompimento das suas bolsas. Quando, porém, por necessidade, o fizermos, devemos tomar todas as precauções possíveis, para não fazer pressões sobre elas.

Todas as vezes em que formos lidar com *hamsters*, como limpar a gaiola, trocar a água, fornecer-lhes alimentos ou pegá-los, devemos fazê-lo com cuidado, muita calma e levando a mão, sempre muito devagar, para que eles não fiquem assustados, corram de um lado para outro, na gaiola ou fiquem de guarda, na defensiva, o que os pode deixar nervosos, irritados, estressados e até agressivos.

Hamster chinês - filhote com 30 dias

Capítulo III
Escolha ou Seleção e Aquisição

Em qualquer criação de animais, o item mais importante é a escolha dos reprodutores machos e fêmeas, pois dela depende a qualidade dos produtos obtidos e o sucesso da criação. Sem bons reprodutores, o nível zootécnico da criação será baixo e os seus resultados não serão os melhores ou os esperados pelo criador.

Por esses motivos, só devemos adquirir *hamsters* selecionados, de nível acima da média da sua raça ou da sua espécie, e de boa origem ou procedência, ou seja, de uma conceituada casa comercial ou de um criador bom e idôneo.

A escolha dos *hamsters*, para a reprodução, deve ser a mais completa e a mais rigorosa, possível, pois dela vão depender o sucesso da criação e os lucros do criador.

Os *hamsters* destinados à reprodução, devem ter uma boa saúde, além de serem fortes, sem defeitos, com um bom desenvolvimento para a sua idade, precoces, da cor desejada e com os seus órgãos genitais perfeitos e em boas condições de funcionamento, quando os animais forem destinados à reprodução.

No caso, porém, de eles se destinarem a ser somente animais de estimação, os machos podem até ser castrados, pois eles ficam mais calmos e com uma aparência melhor, sem a bolsa testicular ou escrotal.

Os *hamsters* devem ser adquiridos com 5 a 8 semanas de vida ou até mesmo, com mais idade, conforme o desejo ou a necessidade do comprador ou criador.

O seu período de vida, em média, é de 2 a 3 anos, embora eles possam viver por mais tempo.

Para não adquirirmos *hamsters* defeituosos, devemos fazer um rigoroso exame dos animais, levando em consideração, uma série de fatores, como o seu estado físico, a sua conformação, a sua saúde, a sua idade, o estado da sua pelagem, etc.

Os *hamsters* novos apresentam os seus pêlos finos e brilhantes. Eles possuem, também, pêlos finos, nas orelhas, mas que vão desaparecendo, com a idade.

Hamster sírio marrom e branco com 30 dias

Capítulo IV
As Cores dos Hamsters Sírios

Os pêlos dos *hamsters sírios* são muito finos e macios. Suas cores variam bastante, como verificaremos no presente capítulo.

Alguns pêlos apresentam a mesma cor, desde a raiz até à sua ponta como, por exemplo, o branco, enquanto outros, possuem uma parte de determinada cor ou tonalidade, e a outra parte, de cor diferente, como nos castanhos.

A cor original do *hamster* sírio é a castanha. Mais tarde, foram surgindo várias outras cores, por mutações e por cruzamentos.

Por esses motivos, o *hamster*, de acordo com as cores que apresenta, pode ser:

— **castanho, com olhos e orelhas pretos:** ele pode ser classificado, também, como pêlo de cotia ou pêlo de corsa ou de veado;
— **branco albino:** que é todo branco, despigmentado e com as orelhas claras. Não possui marcas ou manchas de outras cores. Seus olhos podem ser vermelhos, rosas ou rubis, cores estas que são somente aparentes, porque são causadas pela rede sangüínea que irriga os seus globos oculares. Os seus olhos são muito sensíveis à claridade e à luz;
— **branco, de orelhas claras:** excetuando as suas partes superiores, que são pretas. Os seus olhos são normais;
— **branco uniforme despigmentado:** seus olhos parecem pretos mas, na realidade, são de um vermelho fogo, muito pequenos e fechados. Por esse motivo, ele é chamado de *hamster* cego;

- *branco de olhos pretos e pêlos cor de neve:* este *hamster* não é albino e possui, também, as orelhas pretas;
- *branco de olhos e orelhas pretos:* este *hamster* não é albino;
- *creme ou creme inglês:* é de cor damasco e possui os olhos pretos, vermelhos ou rubis e as orelhas e a pele, escuras. Recebeu esse nome, porque foi classificado, pela primeira vez, na Inglaterra;
- *champagne, canela ou âmbar:* apresenta uma bonita cor canela alaranjada e olhos brilhantes, cor de vinho claret-vermelho;
- *creme de olhos cor de rosa:* é obtido por cruzamentos e não por mutação;
- *malhados:* também conhecidos por manchados, conchados, arlequins ou pandas, são considerados como a primeira mutação que apareceu. Apresentam marcas brancas irregulares espalhadas por todo o corpo, e cujo número e tamanho variam. Uma delas, no entanto, é característica e fica localizada na cara do *hamster*. Os seus olhos podem ser escuros, ou seja, pretos ou cinzas, ou então rosas, de acordo com a sua localização em uma zona branca ou de outra cor sendo, por isso, que existem *hamsters* com um olho de cada cor;
- *cintados:* muito bonitos, eles podem ser castanhos com cinta branca ou creme com cinta branca. A sua cinta ideal deve ser bem larga e contornando todo o corpo do *hamster*. Ela, porém, pode ser mais ou menos larga ou estreita, ou invadida por outra cor, formando, muitas vezes, combinações bastante interessantes. A sua barriga é branca;
- *tricolores: hamsters* brancos com marcas claras e escuras, simultaneamente, já foram obtidos, o que resultou, portanto, nos tricolores.

Os *hamsters* "pintados", geralmente, são menores que os dourados comuns e não são brancos com marcas marrons mas, sim, marrons com manchas brancas.

Quando esses *hamsters* malhados e cintados apresentarem uma tendência a diminuir de tamanho, ter perda de resistência e diminuição de precocidade e de fertilidade, inclusive por consangüinidade, é aconselhável que a cada duas ou três gerações, sejam cruzados com *hamsters* dourados comuns.

As ninhadas obtidas, apresentarão alguns *hamsters* com as cores comuns e outros "pintados".

4.1. COMO OBTER AS CORES

Como já o mencionados, os *hamsters* originais são castanhos e só depois começaram a surgir outras cores, através de mutações e de cruzamentos. Por esses motivos, encontramos *hamsters* puros e *hamsters* mestiços.

Puro é o animal, no presente caso, o *hamster*, cujas características já estão fixadas por hereditariedade, ou seja, que foram transmitidas de pai para filho, por diversas gerações.

Pelo exterior, somente, não é possível reconhecer se um animal, de qualquer espécie, inclusive o *hamster*, é puro ou mestiço, o que só é possível se conhecermos a sua origem, o que é muito importante para que possamos melhor programar a sua reprodução e os seus acasalamentos.

Um *hamster*, por exemplo, é puro para uma determinada cor, quando recebeu esta característica, dos seus ascendentes (pais, avós, etc) e as transmite a seus filhos ou descendentes.

Pelos motivos expostos, devemos levar em consideração, as leis da hereditariedade ou leis de Mendel, a seguir:

1ª) quando ambos os pais são dourados puros, os filhos nascem dourados puros;

2ª) quando os pais são albinos puros, seus filhos nascem, também, albinos puros;

3ª) quando um reprodutor é dourado puro e o outro albino puro, os filhos saem dourados mestiços;

4ª) quando os pais são dourados mestiços, dois filhos saem dourados puros, dois albinos puros e quatro dourados mestiços;

5ª) quando um reprodutor é dourado puro e o outro dourado mestiço, os filhos saem quatro dourados puros e quatro dourados mestiços; e

6ª) quando um reprodutor é albino puro e outro dourado mestiço, quatro filhos saem albinos puros e quatro dourados mestiços.

É importante, no entanto, levarmos em consideração, que essas proporções não são obtidas em cada ninhada, mas somando-se um grande número de filhotes, em uma criação.

Quando fazemos acasalamentos de *hamsters* castanhos, champagne ou brancos, entre si, como não sabemos, geralmente, o seu grau de pureza para essas cores, se torna imprevisível saber de que cores nascerão os filhotes.

Por esse motivo, quando acasalamos dois *hamsters* de cores diferentes, ou até da mesma cor, os filhotes poderão nascer só brancos, castanhos ou champagnes ou das duas ou mesmo das três mencionadas cores, mas não um só filhote com duas ou três cores, exceto quando ocorrer um caso de mutação.

Em relação aos *hamsters* cintados ou malhados, produtos de mutação, como já possuem estas características fixadas, quando são cruzados entre si ou com *hamsters* comuns, produzem filhotes "pintados", bem como das cores comuns.

Os *hamsters* cintados, obtidos dos cruzamentos entre *hamsters* cintados e *hamsters* comuns, quando cruzados com *hamsters* cintados ou comuns, produzem *hamsters* cintados e *hamsters* comuns.

Hamsters sírios - um branco outro marrom e branco

Capítulo V
Julgamento em Exposições

Fazer um julgamento de *Hamsters*, em uma exposição, não é a mesma coisa que escolhermos *hamsters* para servirem como animais de estimação ou mesmo, para a reprodução, quando resolvemos fazer uma criação desses simpáticos e agradáveis animaizinhos.

Em uma exposição, não há dúvida alguma, os critérios para a escolha e a seleção, para a classificação e premiação dos *hamsters*, são muito mais rigorosos, além de vários detalhes serem muito mais importantes do que, normalmente o são, para o seu emprego em outros setores ou atividades.

Por ser de grande utilidade e do máximo interesse para os criadores daremos, a seguir, as normas e os padrões exigidos para o julgamento desses animais.

5.1. HAMSTERS SÍRIOS • CASTANHOS COMUNS • COTIA DOURADO

— *Aparência geral:* corpo bem conformado, comprido, musculoso e arredondado;
— *cabeça:* grande, crânio largo, cara curta e focinho grosso, mas não apresentando nenhuma semelhança com rato. Seu perfil é convexo, com uma suave curva da ponta do focinho até à nuca. Ela é bem adaptada ao corpo, por um pescoço curto;
— *olhos:* vivos e um pouco salientes;
— *orelhas:* em pé, grandes, bem separadas e sempre em estado de alerta;

- *cauda:* muito pequena e, quanto menor possível;
- *pêlos:* curtos, densos, macios e brilhantes;
- *cor:* as pontas dos seus pêlos devem ser de um vermelho acaju-escuro-vivo, marcado de preto, com sombreado e cor base cinza azulado escuro;
- *cara, bochechas e meia lua:* bem pretas e afinando até na parte traseira das bases de cada uma das orelhas. Limita-se, na parte de trás, por meia-lua, o mais branca e delimitada, possível. Apresenta, também, uma meia lua branca, na testa, em forma de curva e acima da cara;
- *faixa peitoral:* contínua, bem peluda e o mais escura possível;
- *pêlo da barriga:* o mais branco possível e de boa densidade.

5.2. CORSA DOURADA

- *Aparência geral, cabeça, olhos, orelhas e cauda:* o mesmo que para o Cotia Dourada e o Comum;
- *cor:* ponta dos pêlos castanho claro dourado, uniforme, sem qualquer mancha escura, pigmentos negros ou sombreados, na cara. A base dos pêlos é da mesma cor pálida que a da ponta;
- *pêlos da barriga:* os mais densos possível e brancos, desde o maxilar até à cauda;
- *tamanho:* o maior possível, de acordo com a idade dos *hamsters*.

5.3. HAMSTERS CREMES

- *Aparência Geral:* a mesma que para os *hamsters* anteriormente descritos;
- *cor:* creme uniforme, bastante viva em todo o corpo e com leves toques rosados, se aproximando do champagne claro;
- *cabeça:* apresenta curva suave, no alto do crânio e um focinho grosso;
- *orelhas:* bem inseridas, perfeitas e grandes;
- *pêlo:* o mais denso, macio e curto, possível, com uma aparência de pêlo tipo "rex";
- *tamanho:* o maior possível, de acordo com a idade e o sexo do *hamster*.

5.4. HAMSTERS BRANCOS

— ***Aparência geral, cabeça, tamanho e pêlo:*** o mesmo que para os *hamsters* comuns;
— ***cor:*** branca normal ou cor de neve ou gelo, de acordo com a sua variedade;
— ***olhos:*** vermelhos, rubis, rosas, vermelho-escuros ou pretos, de acordo com a variedade do *hamster*.

5.5. HAMSTERS MALHADOS

— ***Aparência geral:*** a mesma que para os *hamsters* anteriores;
— ***cabeça:*** curva suave, no alto do crânio e focinho grosso;
— ***pêlo:*** o mais denso, macio e curto, possível, com a aparência de "rex";
— ***cor:*** a cor base do pêlo deve ser branca em todo o corpo e com as marcas distribuídas o mais uniformemente, possível. As marcas devem ser bem definidas e não se misturando com o branco;
— ***tamanho:*** quanto maior, melhor, de acordo com a idade e o sexo do animal.

5.6. HAMSTERS CINTADOS

— ***Aparência geral, cabeça, pêlo e tamanho:*** o mesmo que para os *hamsters* malhados;
— ***cor:*** a cinta deve ser a mais branca, regular e definida, possível, abraçando o corpo do animal e unindo-se, à barriga, em ambos os lados.

5.7. CONTAGEM DE PONTOS

Para maior facilidade do exame, nos *hamsters*, e uma avaliação melhor, das suas qualidades, aconselhamos o método da contagem de pontos, com os valores atribuídos às suas diversas características.

De acordo com esse ponto de vista, apresentamos as seguintes tabelas de pontos.

5.7.1. Hamsters castalhos – Variedade cotia dourada

Aparência Geral	20 pontos
Tamanho	15 pontos
Pelagem	5 pontos
Cor	40 pontos
Cara, Bochechas e Meia-Lua	10 pontos
Faixa Peitoral	5 pontos
Pêlo da Barriga	5 pontos
TOTAL	100 PONTOS

5.7.2. Hamsters castanhos – Variedade corsa dourada

Aparência Geral	20 pontos
Tamanho	15 pontos
Pelagem	15 pontos
Cor	40 pontos
Pêlo da Barriga	10 pontos
TOTAL	100 PONTOS

5.7.3. Hamsters cremes

Aparência Geral	20 pontos
Tamanho	15 pontos
Cor	40 pontos
Pelagem	15 pontos
Orelhas	10 pontos
TOTAL	100 PONTOS

5.7.4. Hamsters brancos (de acordo com a variedade)

Aparência Geral	20 pontos
Cor	30 pontos
Tamanho	15 pontos
Pêlo	15 pontos
Orelhas	10 pontos
Olhos	10 pontos
TOTAL	100 PONTOS

5.7.5. Hamsters malhados

Aparência Geral	20 pontos
Cor	40 pontos
Tamanho	15 pontos
Pêlo	15 pontos
Perfil da Cabeça	10 pontos
TOTAL	100 PONTOS

5.7.6. Hamsters cintados

Aparência Geral	20 pontos
Cor	40 pontos
Tamanho	15 pontos
Pelagem	5 pontos
Faixa	20 pontos
TOTAL	100 PONTOS

5.8. DEFEITOS

— doenças ou intratabilidade : desclassificação;
— feridas e cicatrizes : menos 10 pontos;
— orelhas defeituosas : menos 10 pontos;
— pêlos sujos : menos 10 pontos;
— pêlos brancos na pelagem superior, cara, etc.: menos 5 pontos;
— faixa não completa : até menos 10 pontos;
— faixa invadida por outra cor : até menos 10 pontos.

Hamster sírio - Fêmea com 10 meses
Proprietária Sra. Tereza Digiorgio - Mondo Sommerso - SP

Capítulo VI
Métodos de Criação

6.1. INDIVIDUAL

Sendo adotado este método de criação, o macho ou reprodutor deve ser mantido, sempre, separado em uma gaiola, ou uma caixa.

Quando uma fêmea entra no cio, deve ser levada para a gaiola do macho, para que ele faça o seu acasalamento, o que pode ocorrer em poucos minutos ou demorar, às vezes, algumas horas, até que ele consiga fazer a cobertura.

Como as fêmeas, normalmente, entram no cio, bem à tarde ou ao anoitecer, é nesses períodos que devemos verificar quais as fêmeas que entraram no cio, para que sejam levadas à gaiola do macho, para serem acasaladas.

Se o acasalamento ocorrer em pouco tempo, a fêmea pode ser separada do macho, na mesma noite ou na manhã do dia seguinte e levada para a sua gaiola.

Quando a fêmea não aceita o macho, normalmente, é porque não está no cio. Se isso acontecer, ela o pode atacar. Neste caso, eles devem ser separados, imediatamente. Se, porém, eles não brigarem, podemos deixá-los juntos, durante 4 a 8 dias porque, nesse período, ela entrará em cio e deixará que ele faça a sua cobertura.

Consideramos este método ou sistema, muito bom e eficiente para grandes criações, porque permite um controle bastante rigoroso da reprodução, principalmente dos pais, ou seja, dos reprodutores e das fêmeas;

dos acasalamentos e dos nascimentos dos filhotes, o que permite um melhor aproveitamento dos machos.

Sendo confirmado o acasalamento, a fêmea deve ser separada do macho e colocada em uma gaiola ou caixa de reprodução.

6.2. CASAL PERMANENTE

Este método é assim denominado, porque são colocados, em uma gaiola ou em uma caixa de reprodução, dois *hamsters* novos, sendo um macho e uma fêmea, para que formem um casal e nela permaneçam durante toda a sua vida.

Quando chega a época da reprodução, eles se acasalam e nascem os filhotes que, após a desmama, são levados para outras gaiolas. O casal, porém, permanece na mesma gaiola de reprodução.

6.3. COLÔNIA

Quando adotamos este método, devemos agir da seguinte maneira.

Em uma gaiola ou caixa grandes, colocamos um macho e cinco fêmeas, ou um maior número de *hamsters*, mas na mesma proporção entre machos e fêmeas.

É necessário, no entanto, que eles sejam reunidos, desde novos, para evitar que comecem a brigar.

Os acasalamentos são realizados livremente. Quando as fêmeas vão entrando em gestação, devem ser levadas para gaiolas ou caixas individuais, nas quais permanecem até à desmama dos seus filhotes.

Quando adotamos este método da colônia, devemos tomar uma providência muito importante: não colocar, na mesma colônia, *hamsters* que sejam parentes, principalmente próximos, para evitar a consangüinidade, quando eles se cruzam, e que pode trazer sérios problemas como um mau desenvolvimento, defeitos, esterilidade, etc.

O grande inconveniente deste método, são as brigas que ocorrem quando as fêmeas desmamam os seus filhotes e voltam para a colônia.

Capítulo VII
Reprodução e Criação

Os *hamsters*, não há dúvida, são grandes campeões em reprodução.

Basta mencionar que, com apenas sete a oito semanas de idade, eles já podem reproduzir. Além disso, o seu período de gestação é bastante curto, de somente 16 dias.

As *hamsters* são muito prolíficas, podendo ter até 16 ou 17 filhotes por parto, e isto, várias vezes por ano, ou seja, quase todos os meses.

A capacidade de reprodução e de multiplicação dos *hamsters*, é tão grande e impressionante mesmo que, em um ano, apenas, os filhos, netos e bisnetos dos *hamsters* iniciais, também já se reproduziram, o que é, realmente, fabuloso!

A reprodução dos *hamsters*, no entanto, é bem menor, no segundo ano.

7.1. TIPOS DE REPRODUÇÃO

Os *hamsters* se reproduzem de maneira sexuada ou gamética. Por esse motivo, há necessidade da existência do macho e da fêmea, ou seja, de dois sexos, para que seja realizado o acasalamento ou união sexual, também denominada cobertura ou coito, para que haja a fecundação, isto é, a união do espermatozóide, que é o gameta masculino, com o óvulo ou gameta feminino, para a formação do ovo, que se transforma em embrião e este, em feto.

É a fecundação que possibilita a reprodução e a transmissão dos caracteres dos pais para os filhos. Sem fecundação não há reprodução. Para isso, no entanto, é necessário que tanto os machos quanto as fêmeas hajam atingido a puberdade, ou seja, a fase da maturidade sexual, na qual os testículos começam a produzir os espermatozóides e os ovários, os óvulos.

No organismo dos *hamsters*, nesse período, ocorrem, também, algumas modificações gerais e outras locais, inclusive o aparecimento do cio, denominado, também, de estro ou calores.

Pelos motivos expostos, uma escolha ou seleção rigorosa, dos *hamsters* reprodutores, machos e fêmeas, é da maior importância, pois deles dependem a qualidade e o valor dos produtos obtidos.

Para conseguir os melhores resultados técnicos e econômicos, em uma criação de *hamsters*, portanto, o criador deve começar com reprodutores selecionados, cujas características atinjam um nível bem mais elevado do que a média da sua criação ou do seu plantel pois, dessa maneira, e com um bom controle de todas as etapas da reprodução dos seus *hamsters*, o seu sucesso estará garantido.

7.2. REPRODUÇÃO – ALGUNS FATORES

Para iniciarmos os estudos sobre a reprodução dos *hamsters*, é necessário tomarmos conhecimento de alguns fatores que influem sobre ela, como verificaremos, a seguir.

7.2.1. Fecundidade

É uma função da qual, em grande parte, depende o sucesso de uma criação de *hamsters*. É a propriedade de elaborar e de colocar em ação, os elementos necessários à reprodução, ou seja, os espermatozóides e os óvulos, independentemente do seu futuro.

A fecundidade das fêmeas *hamsters* aumenta com o número de partos, mas declina no seu segundo ano. Podemos mencionar, como exemplo dessa afirmação, que uma *hamster* da nossa criação, teve vários partos atingindo, depois, em um deles, 17 filhotes. Nos partos seguintes, porém, foi diminuindo esse número para 10, 7 e 4 filhotes, sendo, então, "aposentada".

É na primavera, que a fecundidade das *hamsters* é maior. Vários são os fatores que podem influir sobre ela. Entre eles, podemos mencionar alimentação, manejo, luz, calor, umidade e altitude, além da mansidão desses animais, etc.

Um dos fatores, no entanto, que mais influem, sobre a fecundidade, tendo mesmo, uma grande influência sobre ela, é a alimentação, principalmente no que se refere à sua quantidade, à sua qualidade e, também, ao seu gosto, para que os *hamsters* a aceitem e a consumam, satisfatoriamente.

Uma boa alimentação, não há dúvida, é um fator de grande importância, para que haja um bom índice de fecundidade, na criação.

7.2.2. Fertilidade

É um conjunto de condições ou a capacidade que têm os elementos geradores, de fecundarem e de serem fecundados: é a capacidade de produzir filhos vivos.

Um *hamster*, portanto, pode ser fecundo e não ser fértil, mas nunca ser fértil, sem ser fecundo. Por esse motivo, só pode haver reprodução, quando o macho e a fêmea são fecundos e férteis.

7.2.3. Prolificidade

É a capacidade de produzir muitos filhos.

É uma qualidade inerente ao indivíduo, à família, à raça ou à espécie: os *hamsters* a possuem em alta escala, pois produzem muitos filhos.

Muitos fatores podem influir sobre ela. Entre eles, podemos mencionar integridade física, idade, puberdade, bom funcionamento de todos os órgãos, constituição, temperamento, alimentação, clima e fatores genéticos.

O número de filhotes que uma fêmea *hamster* pode produzir, em cada parto, varia de 1 (um) a 17 (dezessete). São pouco numerosos os partos em que nascem menos de 7 (sete) filhotes.

O tamanho dos filhotes, ao nascerem, varia de acordo com o tamanho dos óvulos das fêmeas e do número de fetos ou o tamanho da ninhada.

7.2.4. Esterelidade

É o contrário da fecundidade. É, portanto, a incapacidade de o animal produzir filhos viventes ou viáveis.

Ela pode ser congênita, quando nasce com o indivíduo; adquirida, quando aparece durante a vida do animal; relativa, quando pode ser curada e absoluta, quando a sua causa não pode ser eliminada.

Entre outras, podemos mencionar, como causas de esterelidade: impotência do macho; frieza da fêmea; consangüinidade; má alimentação; fatores letais; defeitos e infecções do aparelho reprodutor de machos e de fêmeas, etc.

7.3. CICLO SEXUAL OU ESTRAL

Ciclo sexual ou estral é o período situado entre um cio e outro. O cio das fêmeas *hamsters*, se repete a cada quatro dias.

7.3.1. Cio ou Estro

O cio, também denominado estro, calores, aluamento, etc, é o período do ciclo estral ou sexual, no qual as fêmeas ficam sexualmente excitadas e, não apenas aceitam o macho, quando são por ele assediadas, mas até os procuram para serem por eles acasaladas.

O cio das fêmeas *hamsters* tem uma duração de 3 a 24 horas, repetindo-se a cada 4 ou 5 dias. Ele reaparece 5 a 10 minutos depois do parto e a fêmea já se deixa acasalar, podendo conceber e ficar grávida.

É importante levarmos em consideração, que as *hamsters* fêmeas só concebem, entrando em gestação, no primeiro dia do seu cio.

Os *hamsters* são animais denominados poliestrais, porque apresentam vários ciclos estrais, durante o ano.

7.3.2. Sinais do Cio

Quando as fêmeas *hamsters* entram no cio ficando, portanto, prontas para serem acasaladas, quando os machos dela se aproximam, ficam duras; rígidas; bem esticadas; com a sua pequena cauda levantada; a cabeça um pouco abaixada e esticada para a frente e com os olhos semi-cerrados ou parados.

Elas ficam completamente imóveis e paralisadas como verdadeiras estátuas.

Podemos comparar a sua posição à de um cão de caça quando está "amarrando" a sua presa.

A rigidez com que as *hamsters* ficam paradas e duras, é tão acentuada, que podemos pegá-las pela cauda, levantá-las, tirando-as de onde se encontram e depois colocá-las no mesmo ou em outro lugar, que elas nem se mexem ou mudam de posição, não movendo um só músculo.

Até mesmo quando os machos delas se afastam, por algum tempo, as fêmeas continuam na mesma posição, aguardando o seu retorno.

Quando estão nessa situação, as *hamsters* se deixam agradar pelo criador, que as pode ficar alisando e até mesmo, permitem que ele as levante pela cauda e novamente as coloque no mesmo lugar, no piso da gaiola ou da caixa, nem se mexendo e permanecendo paradas, na mesma posição.

7.4. ESCOLHA OU SELEÇÃO DOS MACHOS

Um dos itens mais importantes, em uma criação, não só de *hamsters*, mas de qualquer outro animal, é a seleção ou escolha dos reprodutores ou machos, porque são eles que transmitirão as características, a seus filhos, deles dependendo, portanto, a melhoria da criação, embora também as fêmeas concorram, geneticamente, para a qualidade dos seus filhos.

Por esses motivos, devemos selecionar e escolher *hamsters* que sejam:

1) bons raçadores, ou seja, que tenham a capacidade de transmitir as suas boas características, e de maneira acentuada, a seus descendentes;

2) de boa conformação e que possuam os pêlos lisos, brilhantes e da cor, do tipo ou características desejadas;

3) sadios, fortes e vigorosos, de constituição robusta, ágeis, impetuosos, com o tórax bem desenvolvido e bem musculosos, mas não muito gordos;

4) fecundos, ativos, apresentando os órgãos sexuais externos normais, bem desenvolvidos e funcionando normalmente;

5) de idade conveniente para a reprodução, mas que não sejam nem muito novos e nem muito velhos;

6) originários de ninhadas grandes, numerosas e, no mínimo, de 8 a 10 filhotes;

7) que, de preferência, sejam conhecidas as características dos seus ascendentes, ou seja, pais e avós ou se possível e melhor ainda, dos seus descendentes: filhos e netos.

7.5. SELEÇÃO OU ESCOLHA DAS FÊMEAS

Principalmente as fêmeas que vão ser aproveitadas na reprodução devem ter: boa conformação; linhas delicadas; corpo comprido e ancas largas, além de serem calmas e mansas.

Por serem de grande importância e indispensáveis, mesmo, elas devem apresentar também, as seguintes características: serem fecundas, prolíficas, boas parideiras e boas leiteiras, além de boas criadeiras, pois são fatores de grande influência para o sucesso de uma criação de *hamsters*.

Quando fazemos uma boa escolha ou seleção dos reprodutores, machos e fêmeas, isto significa que estamos bem orientados e já bem adiantados ao iniciarmos a criação. É indispensável, porém, que todos eles sejam identificados, individualmente, por um número ou um nome. Além disso, é necessário que todos os *hamsters*, machos e fêmeas, principalmente os reprodutores, possuam uma ficha de identificação, a mais completa possível, e da qual constem a sua data de nascimento, as coberturas, ou acasalamentos, o número de filhotes nascidos do parto e todos os outros dados que o criador considerar necessários para o controle da criação.

7.6. ÉPOCA DA REPRODUÇÃO

No Brasil, devido ao seu clima quente, os *hamsters* se reproduzem durante todo o ano, embora a sua procriação diminua, bastante, nos meses mais frios e cujas temperaturas são mais baixas, principalmente no inverno.

O ideal é manter os *hamsters* em ambientes cujas temperaturas sejam de 15º a 25ºC. Além disso, eles devem estar protegidos das chuvas, dos ventos, do frio, do sol e das correntes de ar.

7.7. IDADE PARA A REPRODUÇÃO E MATURIDADE SEXUAL

Os *hamsters* vivem, em média, de 2 a 3 anos, mas podem viver por mais tempo. Eles, porém, só podem se reproduzir quando atingem a puberdade, ou seja, a sua maturidade sexual. É nesse período que as fêmeas entram no seu primeiro cio, pois já produzem os óvulos, e os machos, os espermatozóides.

Normalmente, com 43 dias de vida, eles já podem se reproduzir, mas o criador não deve permitir tal coisa, pois são, ainda, muito novos. Fêmeas há que, antes mesmo dos 40 dias de idade, já apresentam o seu primeiro cio. Elas, porém, não devem entrar na reprodução, com essa idade, mas somente quando estiverem com 90 dias de idade.

*Ninhada de hamsters sírios com 35 dias
Proprietária Sra. Tereza Digiorgio - Mondo Sommerso - SP*

*Fêmea de hamster sírio de 10 meses e sua terceira ninhada
Proprietária Sra. Tereza Digiorgio - Mondo Sommerso - SP*

O *hamster* sírio já pode se reproduzir com 43 dias de idade, mas só devemos permitir que o faça, com 90 dias, enquanto que o *hamster* Chinês macho atinge a maturidade sexual com 3 meses e meio e a fêmea, com 2 meses e meio.

As fêmeas, normalmente, entram em reprodução mais cedo do que os machos mas, devido ao grande desgaste que sofrem com as gestações e amamentações sucessivas, saem da reprodução, também mais cedo.

As primeiras coberturas, a qualidade e o número dos filhotes produzidos por parto, já nos proporcionam uma série de informações, que nos permitem fazer um bom julgamento das qualidades das fêmeas como reprodutoras, parideiras, leiteiras e criadeiras.

As fêmeas que produzem filhotes fracos, raquíticos, defeituosos, doentes ou em pequeno número, por parto, demonstram ser más parideiras, más leiteiras ou más criadeiras, devendo ser descartadas da reprodução.

7.8. ACASALAMENTO

É denominado, também, de salto, coito, cobertura, monta ou cópula.

É o ato sexual normal e indispensável, entre animais de sexos diferentes, para que ocorra a fecundação da fêmea, sem a qual não pode haver reprodução.

Normalmente, os *hamsters* dormem ou descansam durante o dia e despertam por volta das 17:30 ou 18 horas, quando abrem os olhos, bocejam, espreguiçam, "tomam banho" de modo especial, sem água, pois o fazem lambendo todo o seu corpo e começam as suas atividades, fazendo exercícios, andando ou correndo pela gaiola ou caixa.

Os machos começam logo a sentir o cheiro característico que exalam as fêmeas, quando estão no cio e que serve para que eles as localizem e que age, também, como estimulante das suas funções sexuais, o que faz com que eles as procurem para os acasalamentos.

Algumas fêmeas, às vezes, relutam mas, quando estão, realmente, no cio, acabam aceitando o macho e se deixando acasalar.

Para o acasalamento, a fêmea deve ser levada à gaiola do macho e nunca o contrário, o macho ser levado à gaiola da fêmea.

Os acasalamentos devem ser realizados das 18 horas em diante.

As fêmeas, normalmente, só concebem na primeira noite do cio, entrando, assim, em gestação.

Durante o acasalamento, o macho lança, na vagina da fêmea, milhões de espermatozóides que, por movimentos progressivos, atingem o colo do seu útero, no qual penetram e vão até às trompas de Falópio, para penetrarem nos óvulos, fecundando-os. Normalmente, em cada óvulo, penetra um só espermatozóide.

7.9. TIPOS DE ACASALAMENTOS

Existem três tipos de acasalamentos, como poderemos verificar, a seguir.

7.9.1. À Mão

É muito empregado, e com bons resultados, principalmente nas criações comerciais. Devemos agir, da seguinte maneira.

Depois das 18 horas, colocamos a fêmea, na gaiola do macho e nunca o contrário, o macho na gaiola da fêmea. Ficamos, então, observando. Se ela começar a brigar, isso significa que não está no cio. Neste caso, deve ser separada do macho, imediatamente, porque pode, não só bater nele, mas até mesmo, o ferir gravemente.

Quando houver brigas, para separar os contendores, devemos soprar com força, sobre eles, ou então, usando luvas grossas, pegá-los com as mãos, retirar a fêmea, levando-a para a sua gaiola e trazê-la de volta, para o macho, no dia seguinte.

Estando no cio, a fêmea aceita o macho, facilmente, realizando-se o acasalamento, principalmente quando o macho é mais velho e experiente.

Quando, no entanto, a fêmea não aceita logo, o macho, mas com ele não briga, podemos deixá-los juntos, de 5 a 9 dias para que, nesse período entre no cio e se deixe acasalar e depois a separamos.

Alguns dias, depois, devemos examiná-la, para verificar se entrou ou não, em gestação.

7.9.2. Livre ou em Colônia

Quando adotamos este tipo de criação, podemos colocar, em uma gaiola ou caixa, 1 macho e 5 fêmeas ou vários machos e fêmeas, mas guardando, sempre, a mesma proporção de 1 macho para 5 fêmeas e os deixamos juntos e livres, para se acasalarem livremente.

É importante, no entanto, que os *hamsters* não tenham nenhum parentesco uns com os outros, para evitar a consangüinidade.

Este método tem um inconveniente, que são as brigas que ocorrem quando uma fêmea, que estava separada em uma gaiola, desmama os seus filhotes e volta para a sua colônia.

7.9.3. Casal Permanente

Adotando este método, devemos manter em uma caixa de reprodução, mas desde pequenos, um macho e uma fêmea. Eles se acasalam, de maneira natural, nas épocas apropriadas, guiados pelos seus instintos naturais e sem a intervenção do criador.

Quando a fêmea tem os filhotes, logo depois recebe o macho, deixando-se acasalar.

Quando terminam os trabalhos de parto, já havendo nascidos todos os filhotes, a fêmea cuida deles com todo o cuidado e carinho e lhes dá a primeira mamada. Logo depois, ela aceita o macho, ocorrendo o acasalamento.

Não há brigas, porque o casal foi reunido na época da desmama, quando ambos, macho e fêmea, ainda eram filhotes e vêm permanecendo juntos, durante toda a sua vida.

7.9.4. Acidentes nos Acasalamentos

Embora os acasalamentos sejam atos normais e indispensáveis para a reprodução dos animais, devemos tomar alguns cuidados ou precauções, para evitar problemas ou acidentes a eles relacionados, entre os quais podemos destacar os que se seguem:

1) examinar os órgãos genitais externos, tanto dos machos quanto das fêmeas, mas com todo o cuidado e delicadeza, para verificar se eles são perfeitos, normais, sem nenhum sintoma anormal, sem ferimentos, sangue ou corrimentos anormais;

2) evitar que a fêmea ataque o macho, porque pode machucá-lo, ferí-lo seriamente ou até matá-lo;

3) instalar os reprodutores em gaiolas que não apresentem saliências, pontas, rebarbas ou superfícies ásperas ou cortantes, para evitar que os *hamsters* sofram ferimentos.

7.9.5. Acasalamentos em Série

Para obtermos melhores resultados ou sucesso, em uma criação de *hamsters*, devemos fazer uma programação dos acasalamentos, para que os filhotes nasçam nas épocas mais indicadas ou propícias, principalmente para a comercialização ou venda dos animais.

Adotando este esquema de reprodução, o criador deve acasalar o maior número de fêmeas, no mesmo dia, isto é, em série, porque apresenta uma série de vantagens:

1) facilita os trabalhos, em geral, e o manejo da criação, porque os acasalamentos podem ser programados para serem realizados em determinados dias ou, quando necessário, até diariamente, de acordo com o número de machos e de fêmeas existentes na criação;

2) quando muitas *hamsters* dão crias no mesmo dia, e muitas delas produzem ninhadas numerosas, poderemos transferir parte de seus filhotes para outras *hamsters* que tiveram poucos filhotes ou que, por algum motivo os perderam, inclusive por acidentes, o que permite um maior aproveitamento de filhotes e de fêmeas em lactação;

3) com um maior número de desmamas, nos mesmos dias, todos os serviços de separação de sexos, registros, organização de lotes para a reprodução, as vendas, etc, se tornam mais fáceis e mais bem organizados; e

4) torna mais fácil a formação ou a organização de lotes maiores e mais uniformes, tanto os destinados à reprodução quanto à venda.

Acreditamos que, somente as vantagens enumeradas, justifiquem, totalmente, os acasalamentos em série.

7.10. SINTOMAS DE FECUNDAÇÃO

Durante algum tempo, depois do acasalamento, a fêmea ainda não apresenta nenhum sinal ou sintoma seguro, de que haja concebido. Somente alguns dias depois da cobertura, se torna possível comprovar se ela foi positiva e se a *hamster* concebeu, entrando em gestação.

Quando está em período de gestação, a *hamster* começa a engordar mas, ao contrário de outras fêmeas, que ficam calmas, ela se torna nervosa e irritadiça.

À medida, no entanto, que o dia do parto vai se aproximando, ela vai engordando e os seus movimentos vão ficando mais calmos e lentos. O seu ventre ou barriga vai se avolumando, como em todas as outras fêmeas, mas podemos notar, também, dois "caroços" localizados nas suas costas, um de cada lado e que vão aumentando de tamanho e só não se juntam, porque a coluna vertebral da *hamster* fica localizada entre eles.

Um outro método, e bastante confiável, para diagnosticar uma gestação, é o da palpação ventral. Para utilizá-lo, basta fazermos uma pequena pressão, com os dedos, sobre o ventre da *hamster* pois, dessa maneira, poderemos sentir os filhotes, no seu interior.

Para fazermos a palpação ventral devemos, com todo o cuidado, segurar a *hamster* pelo dorso e, delicadamente, com os dedos polegar e indicador, vamos apalpando, fazendo uma ligeira pressão sobre o seu ventre ou barriga.

Quando o criador possui alguma prática, poucos dias depois do acasalamento, já poderá fazer um diagnóstico seguro sobre a gestação ou gravidez das suas *hamsters*.

7.11. GESTAÇÃO

A gestação, gravidez ou prenhez, é o resultado da concepção, ou seja, da fecundação dos óvulos, pelos espermatozóides, formando os ovos e se inicia, exatamente, no momento em que eles se fixam no interior do útero ou seja, quando ocorre a nidação.

A gestação, portanto, significa que a fêmea possui, em seu útero, ovos que vão se desenvolvendo e se transformando em embriões que, por sua vez, passam a fetos, localizados dentro de bolsas d'água e envolvidos pelas membranas e matérias fetais.

Os fetos se alimentam e respiram através da placenta e pesam, ao nascerem, 2,5 gramas, em média.

7.11.1. Períodos de Gestação

A gestação da *hamster* dourada é de 16 dias.

O período de gestação da *hamster* Síria é de 16 dias, sendo o de menor duração, entre mamíferos, como poderemos verificar pela tabela a seguir.

PERÍODOS DE GESTAÇÃO	
FÊMEAS	Nº DE DIAS
Cabra e Ovelha	150
Porca	114
Chinchila Lanígera	111
Cadela	63
Cobaia	60
Gata	58
Coelha	30
Hamster	16

Confirmando o número de dias de gestação das *hamsters*, a variação, em nossa criação, tem sido de apenas algumas horas, pois todas elas têm entrado em trabalhos de parto e tido os seus filhotes, 16 dias depois de serem acasaladas.

As *hamsters*, durante a gestação, devem ficar o mais sossegadas, possível e só devemos mexer com elas ou em sua gaiola, quando isso for absolutamente necessário.

Nesta fase do seu período reprodutivo, elas vão sofrendo modificações anatômicas ou seja, de conformação, e alterações fisiológicas ou de funcionamento, sendo que as locais se apresentam principalmente no útero que aumenta de volume e muda de forma, localização e de consistência, bem como pode se contrair.

Os ovários aumentam de volume. A vagina fica flexível e se distende. A vulva fica congestionada e avermelhada. As glândulas mamárias, também, aumentam de volume ou tamanho.

Além das mencionadas temos, também, modificações ou alterações gerais, entre as quais:

1) uma digestação mais ativa, concorrendo para que as gestantes tenham o apetite muito aumentado e engordem com muita facilidade;

2) respiração, circulação sangüínea e pulsações cardíacas ativadas;

3) temperatura: torna-se um pouco mais elevada;

4) secreção urinária aumentada;

*Ninhada de hamsters sírios com 35 dias
Proprietária Sra. Tereza Digiorgio - Mondo Sommerso - SP*

5) tem início a secreção láctea;

6) as funções reprodutoras diminuem de intensidade; e

7) o cio desaparece.

No princípio da gestação, as *hamsters* ficam mais irritadiças mas, depois, vão ficando mais calmas. Os seus flancos e ventre aumentam de volume e elas se defendem dos machos, chegando até a atacá-los.

O parto, em geral, se processa normalmente. É preciso, no entanto, tomar alguns cuidados, entre os quais:

1) colocá-las em uma gaiola limpa, com o piso forrado com maravalha fina (serragem) e com um ninho, para elas terem e abrigarem os seus filhotes;

2) deixar a *hamster* bem calma, quieta e sossegada;

3) fornecer-lhe uma alimentação adequada, em qualidade e quantidade;

4) dar-lhe uma água limpa e fresca, de preferência potável, à vontade e sempre à sua disposição. A água é muito importante, não só para saciar a sede da *hamster*, que a tem muito aumentada, com os trabalhos do parto mas, o que é, também, muito importante, para a produção do leite, para amamentar os seus filhotes.

Devemos fornecer-lhes, também, alimentos sadios, frescos e adequados.

A falta de água ou uma alimentação insuficiente, inadequada ou defeituosa, podem provocar o aparecimento do canibalismo, ou seja, o hábito de as fêmeas comerem os seus próprios filhotes.

Não só problemas de alimentação, mas também psíquicos, podem provocar o canibalismo, entre os *hamsters*.

7.12. O NINHO

Ele deve ser colocado na gaiola das fêmeas, dois ou três dias antes da data prevista para que elas se reproduzam, tendo os seus filhotes.

Devido aos seus instintos, as *hamsters* são boas construtoras de ninhos. Por esse motivo, basta que lhes forneçamos um material adequado como uma palha bem seca ou maravalha fina (serragem), por exemplo, para que elas construam um ótimo ninho para ter os seus filhotes, aquecê-los e abrigá-los até à sua desmama.

7.13. O PARTO

Parto é a expulsão dos fetos, após completarem o seu desenvolvimento na vida intra-uterina. Ele ocorre devido às contrações uterinas e abdominais, provocadas pela atuação de determinados hormônios e pelos movimentos dos fetos, e são elas que provocam as "dores" do parto.

O parto pode ocorrer, normalmente, à noite, na parte da manhã ou por volta das 11 ou 12 horas. Geralmente, ele dura poucos minutos.

A própria fêmea, logo que o filhote nasce, rasga o saco no qual ele nasceu, retira-o de dentro dele, livra-o de todas as envolturas fetais, corta com os dentes, o seu cordão umbilical, lambe-o todo, para estimular a sua respiração e a sua circulação sangüínea e, ao mesmo tempo, para limpá-lo.

Exceto quando for absolutamente necessário como, por exemplo, para limpá-lo ou retirar algum filhote, não devemos mexer nos ninhos e nem nos filhotes, pelo menos nos 8 ou 10 primeiros dias após o parto, porque a *hamster* pode ficar muito nervosa e praticar o canibalismo, comendo, às vezes, toda a sua ninhada.

É aconselhável, também, fazer diariamente, uma limpeza na gaiola, bem como contar todos os filhotes, para controlá-los e para fazer as devidas anotações, nas suas respectivas fichas.

7.14. NÚMERO DE FILHOTES

As *hamsters* são fêmeas muito prolíficas. Elas podem produzir de 1 a 17 filhotes, por parto. São pouco freqüentes os partos nos quais nascem menos de 7 filhotes.

A média de nascimentos, em nossa criação, é de 8,55 para os *hamsters* cintados e de 8,29, para os comuns.

7.15. ALGUNS CUIDADOS COM OS FILHOTES

As *hamsters* são muito boas mães, passando quase todo o seu tempo, no ninho, cuidando dos seus filhotes, muito bem e com todo o amor e carinho, amamentando-os e os cobrindo.

Quando algum filhote sai do ninho elas, imediatamente e com todo o cuidado, o pegam com a boca e o levam, de volta, para junto dos outros filhotes, dentro do ninho. Não há, por esse motivo, necessidade de nos preocuparmos em dispensar-lhes cuidados especiais, pois as *hamsters*, suas mães, o fazem com todo o cuidado e carinho.

Os filhotes nascem completamente sem pêlos, com os olhos fechados, as orelhas para trás e "coladas" à cabeça e já possuem os dentes.

Eles pesam, em média, 2 gramas e medem 2,5 centímetros de comprimento.

O seu crescimento é muito rápido.

Com 3 dias de idade, os seus pêlos começam a nascer e, com 5 dias, as suas orelhas se levantam.

Quando estão com 8 dias de vida, embora os seus olhos ainda estejam fechados e eles ainda não possam enxergar estando, portanto, "cegos", eles já saem do ninho, ficam perambulando pela gaiola, vão ao "banheiro" e já comem os alimentos sólidos que lhes são oferecidos pelas fêmeas.

Exceto em casos de grande necessidade, não devemos mexer nos ninhos, antes de os filhotes atingirem 8 dias de idade.

Não devemos, também, tocar ou mexer nos filhotes, porque as *hamsters*, sentindo um cheiro estranho, podem abandonar o ninho deixando os seus filhotes morrerem de fome, ou então, ela mesma devora os próprios filhos, praticando o canibalismo.

Com 14 dias de idade, os filhotes abrem os olhos, passando a enxergar normalmente e já podem receber o mesmo tratamento que os *hamsters* adultos.

7.16. DESMAMA

Os filhotes devem ser desmamados quando atingem 21 a 25 dias de idade, sendo separados das suas mães, no mesmo dia da desmama.

A média dos filhotes desmamados, por fêmea, é de 7,54 para os *hamsters* cintados e de 7,58, para os outros.

Com 5 semanas de idade, os *hamsters* devem ser separados por sexo e em lotes diferentes, para evitar os acasalamentos de animais ainda muito jovens e, o que é pior, muitas vezes parentes e até bem próximos, resultando em uma consangüinidade indesejável.

As crias doentes, fracas ou raquíticas, devem ser descartadas da reprodução.

Embora as *hamsters* possam criar, com facilidade, ninhadas de 11 ou de 12 filhotes, quando quisermos que eles se desenvolvam e cresçam, melhor, devemos deixar, com elas, de 8 a 10, no máximo. Os filhotes excedentes, devem ser passados para outras fêmeas.

7.17. CANIBALISMO

Pode ocorrer, embora seja relativamente raro que, ao abrir uma gaiola ou caixa de reprodução, o criador encontre filhotes recém-nascidos com alguns dias de vida ou mais velhos, que estejam roídos, comidos ou então, que note a falta ou desaparecimento de filhotes e até mesmo, de toda a ninhada recém-nascida ou já com alguns dias de vida.

Quando não há, mesmo, a possibilidade de que outros animais como cães, gatos e ratos ou até mesmo de pessoas mexerem nos ninhos, as *hamsters* são, certamente, as únicas responsáveis por estes problemas, pois elas, às vezes, podem devorar os seus próprios filhotes, sendo a isso, dado o nome de canibalismo.

Suas causas podem ser:

1ª) Sede: Durante os trabalhos de parto e mesmo depois de ele terminar, as *hamsters* sentem muita sede e, não tendo água para beber e para a produção de leite, elas ficam desesperadas e chegam a comer os seus próprios filhos.

2ª) Alimentação defeituosa: É um problema muito sério para as *hamsters* pois, quando não recebem alimentos nas quantidades necessárias ou a sua alimentação é deficiente em sua composição, principalmente pela falta de proteínas, elas podem devorar os seus filhotes para, desta maneira, ingerir os elementos de que carecem para as suas necessidades de manutenção e de produção. Uma alimentação bem equilibrada e rica em proteínas pode "curar" as fêmeas, se a causa do seu canibalismo for uma carência alimentar.

3ª) Nervosismo: Embora sejam animais muitos mansos, os *hamsters* podem se assustar e ficar nervosos com a presença de outros animais, ou até mesmo quando, especialmente pessoas estranhas, mexem no seu ninho.

Por esse motivo, as *hamsters* em reprodução, principalmente quando estão em trabalhos de parto, devem ser mantidas separadas, em um lugar isolado e sossegado, para que fiquem bem calmas pois, quando se assustam e ficam muito nervosas, podem até comer os seus filhotes, com o intuito de protegê-los.

A prova disto, é que, quando as *hamsters* se encontram nessas situações, "guardam" os seus filhotes, em suas bolsas.

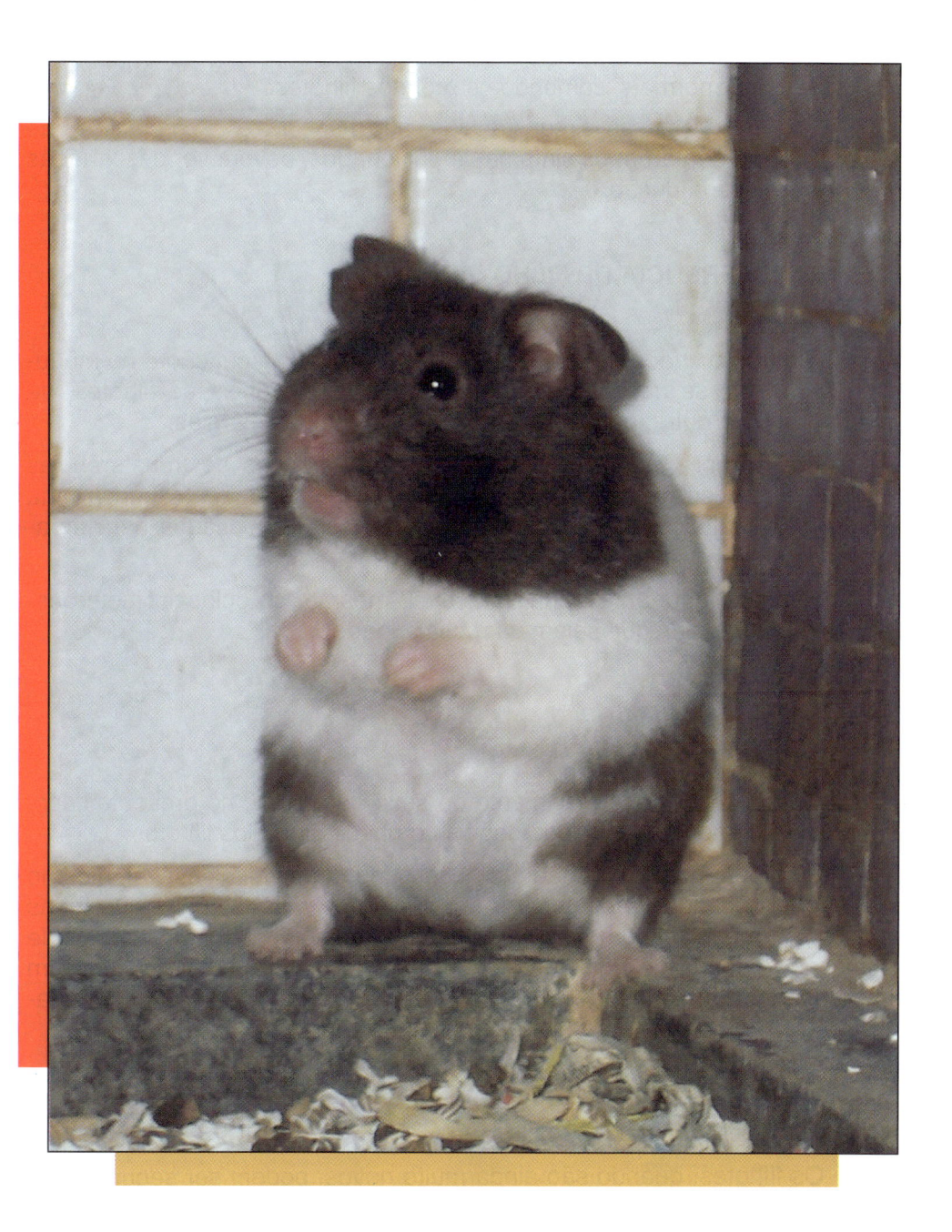

Hamster sírio fêmea com 10 meses
Proprietária Sra. Tereza Digiorgio - Mondo Sommerso - SP

4ª) Vício ou fator psíquico: Casos há, em que as *hamsters* sofrem, realmente, de um distúrbio psíquico ou nervoso e que, por isso, são anormais, comendo os próprios filhotes.

Nessas circunstâncias, não há cura e as *hamsters* que apresentarem os sintomas mencionados, devem ser descartadas da reprodução.

7.18. TRANSFERÊNCIA DE FILHOTES

Quando o criador já tem bastante experiência na criação e no manejo de *hamsters*, se necessário, pode fazer a transferência de filhotes, de uma fêmea para outra, principalmente quando elas são mansas.

Nós sempre tivemos sucesso nessas operações de transferências de filhotes, não só recém-nascidos, mas de diversas idades e nunca uma fêmea feriu, matou ou comeu filhotes que lhe foram confiados para amamentar e criar.

É muito importante e indispensável, mesmo, só colocar filhotes estranhos, em ninhadas que sejam da mesma idade.

7.18.1. Sexo e Sexagem

Sexagem é o reconhecimento do sexo do animal, no presente caso, do *hamster*, e pode ser feita logo depois do nascimento dos filhotes.

É, não só muito importante e necessário, mas indispensável, mesmo que, não só o criador, o comprador e o vendedor, mas também, que todas as pessoas que lidam com *hamsters*, mesmo que somente como animais de estimação, saibam distinguir os sexos desses animais, para que possam separá-los ou adquiri-los, de acordo com o seu desejo ou a sua necessidade, como para a reprodução, por exemplo.

Para que possamos examinar os órgãos genitais externos, dos *hamsters*, devemos segurá-los com os dedos, pelo dorso e apoiá-los, com as costas, sobre a palma da nossa mão.

Os filhotes, quando são ainda muito novos, podem ser seguros pelo corpo, mas com bastante cuidado e muita delicadeza.

As diferenças existentes, entre os órgãos sexuais, dos dois sexos, são as seguintes:

1) Machos: possuem os orifícios anal ou ânus e o peniano, ou seja, do pênis, bem separados. Quando o macho é maior, podemos notar, e com muita facilidade, a sua bolsa escrotal, contendo os testítulos, em seu interior;

2) Fêmeas: sua vulva fica localizada bem junto ao seu ânus, é lisa e nua, apresentando, apenas, alguns poucos fios de pêlos.

A forma do corpo, também, permite distinguir os sexos dos *hamsters*, porque o macho tem a sua parte traseira mais alongada, enquanto que a fêmea, a possui arredondada.

7.18.2. Lactação e Desmama

Os *hamsters* são animais mamíferos porque, até certa idade, só se alimentam como leite materno.

Desmama é a separação dos filhotes, das suas mães, após o seu período de amamentação.

Ela se inicia quando os filhotes estão com 8 dias de idade e, embora ainda não dispensem o leite materno, já começam a comer outros alimentos que lhes são fornecidos pelas suas mães.

Da qualidade e da quantidade do leite produzido pelas *hamsters*, portanto, dependem a robustez e o desenvolvimento das suas crias.

O leite é secretado e excretado pelas glândulas mamárias das fêmeas, e que entram em plena atividade, com o estímulo do parto, para que elas possam alimentar os seus filhotes, logo após o seu nascimento.

As *hamsters* possuem, normalmente, de 12 a 14 mamas.

Para alimentar os seus filhotes, elas se acomodam sobre eles, ficando de pé, mas sem neles se apoiarem ou, então, se deitam de lado e os deixam mamar.

A quantidade e a qualidade do leite produzido dependem, não só da capacidade leiteira da *hamster*, mas também, da alimentação que recebem. Por esse motivo, é indispensável que, durante a lactação, lhes seja fornecida uma alimentação limpa, fresca, saudável, nutritiva, bem equilibrada e abundante, na qual as *hamsters* encontrem todos os elementos nutritivos de que necessitam para ter uma boa produção de leite e também, o que é muito importante, para suprir o seu desgaste físico, que é grande, com a lactação.

Não nos devemos, esquecer, no entanto, de que a água é de grande importância e indispensável, mesmo, para as *hamsters*, principalmente em gestação ou em lactação, mas que lhes deve ser dada limpa, fresca e à vontade.

As *hamsters* são ótimas produtoras de leite e, para comprovar esta afirmação, basta mencionar que são capazes de amamentar ninhadas numerosas, de 10, 12 e de até maior número de filhotes.

Em nossa criação, tivemos uma fêmea que produziu uma ninhada de 13 filhotes e que criou todos eles sadios e com um bom desenvolvimento.

A desmama deve ser realizada quando os filhotes atingem 21 a 25 dias de idade.

No dia em que é feita a desmama, devemos:

1) examinar todos os filhotes, um por um, selecionando os sadios, bem conformados, bem desenvolvidos, etc, de acordo com o seu sexo, tamanho, cor e, melhor ainda, quando possível, também por linhagens e famílias, para facilitar a escolha dos reprodutores para os acasalamentos;

2) identificar os *hamsters*, pelo método mais indicado, de acordo com as circunstâncias;

3) formar os lotes, com um número de *hamsters* compatível com a capacidade das instalações, para evitar os problemas provocados pelo excesso, pelo acúmulo ou pelas aglomerações de animais;

4) os machos devem ser separados logo que comecem a brigar;

5) as fêmeas, também, devem ser separadas, porque as suas brigas são tão violentas quanto as dos machos e terminam, sempre, em animais feridos, às vezes, com gravidade e até em morte.

Devemos, ainda, chamar a atenção para o fato de que, normalmente, são as fêmeas que batem nos machos.

7.18.3. Separação dos Sexos

Os *hamsters* são animais muito precoces, pois crescem e atingem a maturidade sexual muito cedo.

Por esse motivo, aconselhamos que, desde a desmama, eles sejam separados por sexos e em lotes diferentes, ou que esta separação seja realizada, no máximo, quando atingem 30 a 35 dias de idade, para evitar os acasalamentos de *hamsters* muito novos, ainda, ou os acasalamentos consangüíneos, ou seja, entre parentes, principalmente próximos.

Essa formação de lotes não apresenta nenhum inconveniente, porque os *hamsters* só começam a brigar quando atingem a maturidade sexual ou quando animais estranhos são introduzidos no lote.

Quando eles começam a brigar, é sinal de que já estão prontos para entrarem em reprodução.

7.19. MÉTODOS DE IDENTIFICAÇÃO

Quando possuímos somente alguns *hamsters*, é muito fácil identificá-los pelo seu exterior, bastando apenas olhá-los, para reconhecermos cada um deles.

Quando se trata de *hamsters* malhados ou cintados, mesmo em criações maiores, a sua identificação é, também, possível, para as pessoas que com eles lidam, normalmente.

Em grandes criações, porém, o mesmo não acontece, pois nelas, difícil ou impossível mesmo, se torna identificar individualmente, todos os *hamsters* nela existentes.

Pelos motivos expostos, podemos empregar, para isso, os seguintes métodos de identificação:

1) **Numeração das gaiolas:** Neste caso, o número da gaiola corresponde ao número do *hamster* nela existente;

2) **Tatuagem:** Para fazê-la, empregamos um alicate especial, ao qual são adaptados números, letras ou outros sinais removíveis, formados por pequenas agulhas que, perfurando as orelhas ou a pele dos animais, deixam nelas gravados, os símbolos ou números desejados. Depois, é só passar sobre eles uma tinta especial para tatuagem e o *hamster* ficará marcado, pelo resto da sua vida;

3) **Marcas de tinta:** Para fazê-las, basta pegar um pincel e, com ele embebido com uma tinta especial, fazer um sinal ou marca em alguma parte do corpo do *hamster*. Como a tinta desaparece com uma certa facilidade, o *hamster* fica sem a sua identificação, o que pode causar problemas para o criador, principalmente para controlar a reprodução do animal;

4) **Orifícios ou piques, nas orelhas:** Não aconselhamos esse método, porque ele concorre para que as orelhas se rasguem com maior facilidade, principalmente em brigas ou em brincadeiras entre os *hamsters*. Além disso, os *hamsters* podem ficar deformados.

7.20. HIBERNAÇÃO

É uma palavra que se origina de inverno e que significa invernar, ou seja, dormir durante todo o inverno, como o fazem os ursos e outros animais, nos climas frios ou polares.

As temperaturas mais indicadas para os *hamsters*, são as de 15°C para cima.

Os *hamsters* mais velhos, no entanto, podem permanecer em temperaturas mais baixas, enquanto que os novos, já podem dormir a temperaturas de 7° ou 8°C, entrando em hibernação.

Neste estado, sua temperatura cai abaixo da normal e eles ficam com o corpo rígido.

Para despertar os *hamsters* que entraram em hibernação, devemos aquecê-los lentamente, com uma lâmpada ou em uma estufa, para que a sua temperatura vá subindo devagar e ele acorde normalmente.

Tratamos deste fenômeno, no presente trabalho porque, no inverno, mesmo em países de clima quente, como o Brasil, pode ocorrer que um *hamster* entre em hibernação e o dono, sentindo-o rígido e frio, o julgue morto.

Capítulo VIII
Alimentação

É a parte da criação que estuda os alimentos mais adequados a cada espécie ou raça e a cada animal, em particular, não somente sob o ponto de vista técnico, ou seja, da reprodução, da produção, da especialização e das suas necessidades nutritivas, mas também, o que é de grande importância, por ser normalmente o seu objetivo, sob o aspecto econômico.

Portanto, uma alimentação racional e metódica é um dos fatores mais importantes e básicos, mesmo, para uma exploração técnica e para a melhoria dos animais porque, quando é bem orientada, suplementa os métodos de seleção, de reprodução, etc.

A alimentação tem uma dupla missão: manter a vida dos animais e fazê-los produzir.

Por esse motivo, devemos conhecer as necessidades nutritivas dos *hamsters* e saber quais são os elementos de que necessitam para terem uma boa saúde, serem resistentes e se reproduzirem normalmente.

Os alimentos que fazem parte da sua alimentação são compostos, principalmente de forragens e de grãos, além de outros, de origem animal como, por exemplo, a farinha de carne.

A alimentação dos *hamsters* é muito simples e fácil constando, na prática, de rações balanceadas especiais ou de grãos e sementes como as de trigo, milho, aveia, arroz, centeio, cevada, girassol, amendoim, etc.

Quando necessário, podemos alimentar os *hamsters*, com rações especiais para coelhos.

Devemos fornecer-lhes, também, legumes, verduras e frutas, mas com cuidado, porque o excesso desses alimentos, devido à umidade que possuem, pode provocar o aparecimento de fungos nas caixas, diarréias nos *hamsters* ou mofo na suas bolsas. Além disso, devem ser lavados antes de serem dados aos *hamsters*, porque podem estar contaminados por inseticidas ou por fungicidas, que lhes podem causar intoxicações.

Devemos dar-lhes sementes, porque são importantes para limpar e desgastar os seus dentes.

Os *hamsters* gostam, também, de comer "bichinhos" vivos como formigas, larvas, moscas etc, e quando possível, devemos fornecer-lhes esses alimentos vivos.

Podemos administrar-lhes, ainda, capins e folhas de algumas árvores como, por exemplo, da amoreira.

É contra indicado dar-lhes frutas ácidas como laranjas e tangerinas bem como carne crua, porque ela pode estimular o aparecimento do canibalismo entre os *hamsters*.

8.1. DISTRIBUIÇÃO DOS ALIMENTOS

Quando vamos alimentar os *hamsters* devemos, sempre, levar em consideração, os seguintes fatos:

1) que, quando eles recebem os alimentos, enchem as suas bolsas e depois os guardam em seu esconderijo ou os mantém dentro delas, para depois os comerem;

2) fornecer-lhes a alimentação, uma ou duas vezes por dia e de preferência no mesmo horário, porque isso facilita a sua digestão, evita perturbações intestinais e faz com que eles se acostumem a esperar a hora da comida;

3) os *hamsters* são mais ativos ao anoitecer e durante a noite e, por esse motivo, é nesses períodos que eles devem receber os seus alimentos;

4) as rações devem ser dadas secas, para evitar que fermentem;

5) fornecer somente uma quantidade de alimentos que eles possam consumir no mesmo dia;

6) usar para os *hamsters*, de preferência, os bebedouros tipo mamadeira ou automáticos;

7) quando os bebedouros adotados forem do tipo mamadeira ou automáticos, devemos mantê-los sempre cheios de água limpa e fresca, principalmente para as fêmeas em gestação e em lactação;

Hamster sírio branco - Filhote com 28 dias

8) limpar os comedouros e as gaiolas ou caixas, diariamente, para evitar que neles permaneçam rações estragadas;

9) todos os alimentos como rações, forragens etc, devem estar bem limpos e livres de terra, impurezas ou de qualquer contaminação;

10) verificar, pelo estado geral dos animais e pelos resultados da sua reprodução, se eles estão sendo bem alimentados;

11) não fazer mudanças bruscas no regime alimentar dos *hamsters*, mas somente de maneira gradativa, para que eles se acostumem, não sentindo essa alteração;

12) fornecer aos animais, rações econômicas, ou seja, as de menores custos, mas de boa qualidade e dentro dos padrões nutritivos exigidos, sempre levando em consideração a relação custo/benefício;

13) entre os melhores alimentos para eles, verificar quais são os de que mais gostam os *hamsters* pois, assim, comerão mais e se alimentarão melhor;

14) utilizar os tipos e modelos mais adequados de comedouros e de bebedouros para *hamsters*.

O criador, ao manejar os seus *hamsters* deve, também:

1) segurá-los com todo o cuidado, para não traumatizá-los;

2) examiná-los bem, para verificar os seus estados físico e sanitário;

3) verificar as condições de limpeza e de higiene das gaiolas, para mantê-las sempre limpas e secas, para que os *hamsters* não se sujem ou se contaminem;

4) vistoriar as instalações, para verificar o seu estado e fazer os consertos que se fizerem necessários;

5) lavar bem e depois enxugar os comedouros, não os enchendo ate à boca, para evitar desperdícios;

6) lavar bem, todos os bebedouros;

7) quando os *hamsters* forem tratados pela manhã devemos, à noite, fazer uma vistoria em todas as gaiolas e completar a ração ou a água, quando isso for necessário, para que os animais delas disponham, até pela manhã do dia seguinte.

É necessário, portanto, que os *hamsters* disponham, sempre, de uma boa e farta alimentação e de água limpa, fresca e à vontade pois, assim, eles se desenvolvem e se reproduzem satisfatoriamente.

Capítulo IX
Instalações

9.1. ESCOLHA

A escolha das instalações é muito importante porque, normalmente, elas representam as maiores aplicações de verbas feitas na criação. Além disso, de instalações adequadas depende, em grande parte, o sucesso desse empreendimento.

No caso de uma criação de *hamsters*, são empregadas gaiolas especiais, individuais ou coletivas, mas que devem proporcionar a esses animais, um certo conforto, para que eles possam viver, se desenvolver e se reproduzir em condições técnicas e econômicas satisfatórias, para facilitar o seu manejo, diminuir os trabalhos ou serviços, para reduzir os custos e proporcionar maiores lucros.

Ao fazermos a escolha do tipo de instalações a ser adotado na criação de *hamsters*, principalmente quando o seu objetivo for comercial, ou seja, obter lucros, devemos levar em consideração o fator econômico, procurando de um modo geral, economizar, não só fazendo instalações mais baratas, mas pensando, principalmente, nas suas características funcionais porque, muitas vezes, um custo inicial mais elevado é compensado pela maior facilidade e eficiência do manejo e uma boa diminuição da mão-de-obra.

9.2. LOCALIZAÇÃO

A criação de *hamsters*, normalmente, é instalada em um galpão, em um quarto ou em uma garagem, já existentes na casa do criador.

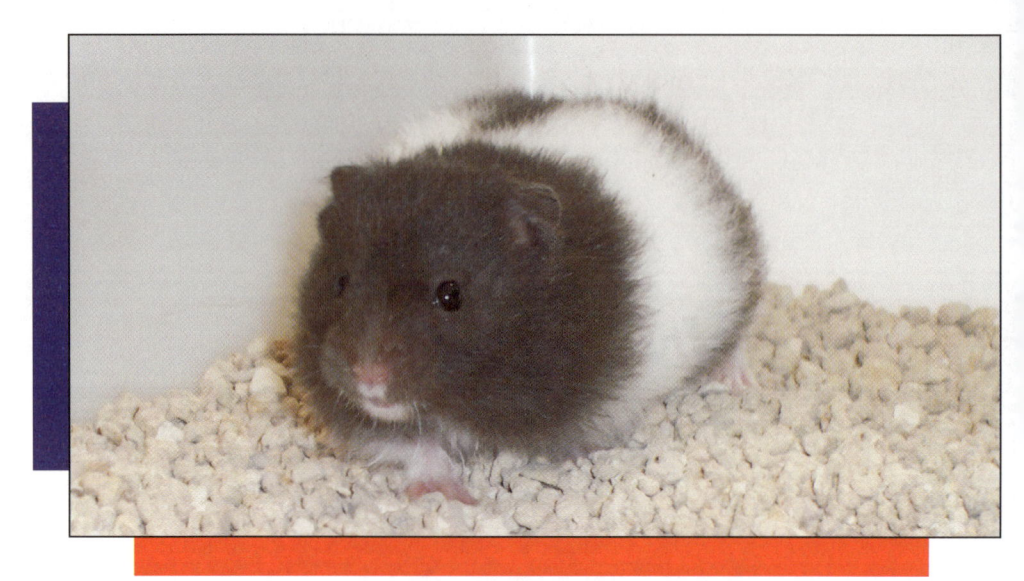

Hamster panda com 27 dias

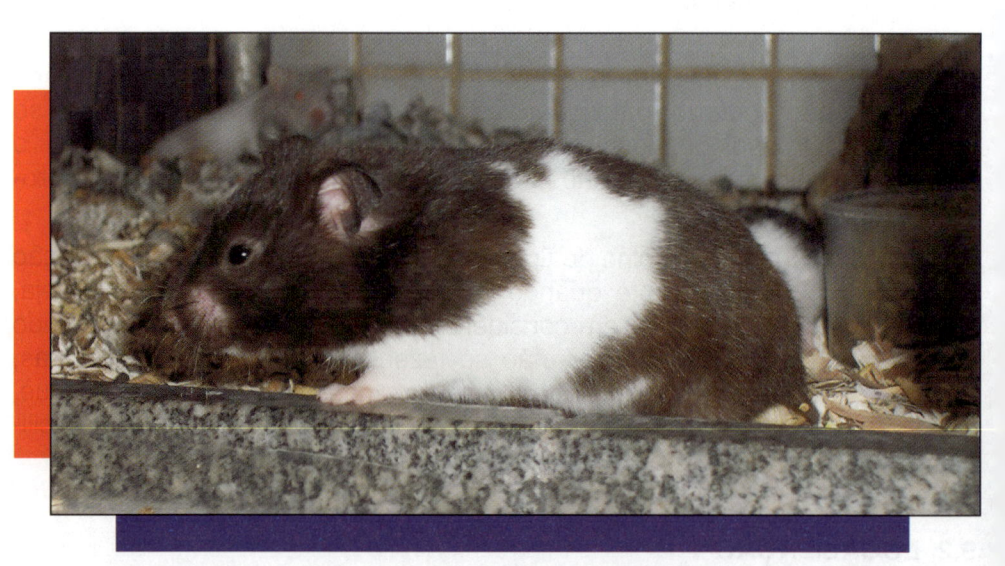

Hamster sírio preto e branco
Proprietária Sra. Tereza Digiorgio - Mondo Sommerso - SP

HAMSTERS
INSTALAÇÕES

*Gaiola de arame equipada com roda giratória, escadas e bebedouro externo
Proprietária
Sra. Tereza Digiorgio
Mondo Sommerso - SP*

*Roda giratória de madeira,
para exercício e diversão dos hamsters
Proprietária Sra. Tereza Digiorgio - Mondo Sommerso - SP*

Para que o cômodo seja aproveitado com esse objetivo, no entanto, é necessário que seja bem arejado e bem ventilado, seco e com uma área suficiente para acomodar normalmente, as instalações necessárias para abrigar todos os *hamsters* de todas as idades e categorias, evitando um excesso de animais, o que é bastante prejudicial à sua saúde e prejudica a produção e a produtividade da criação.

Outro fator muito importante nas instalações, é a segurança necessária para evitar a fuga e o desaparecimento dos *hamsters* que, por diversos motivos, hajam saído de suas gaiolas e ficaram soltos, andando pelo chão.

Importante, também, é que a segurança seja suficiente, ainda, para evitar a entrada de animais ou intrusos, como ladrões, assaltantes etc.

As instalações como as gaiolas, por exemplo, variam de tamanho e de modelo, de acordo com a sua utilização, como o número e a categoria dos animais e o sistema de criação adotado.

9.2.1. Áreas Necessárias

A criação de *hamsters* pode ser feita em pequenos espaços e apesar de ser possível criá-los em menores áreas, julgamos que as aconselháveis para eles serem mantidos ou criados, variam de acordo com a sua idade, a sua categoria ou o seu tamanho, como poderemos verificar na tabela a seguir.

Idade e Categoria	Área por *Hamsters* (em cm^2)
Adultos	100
Fêmeas com ninhadas	980
Filhotes com 30 a 90 dias de idade	80
Filhotes desmamados até 90 dias de idade	70

9.2.2. Gaiolas ou Caixas

Existem vários tipos e tamanhos de gaiolas ou de caixas para os *hamsters* serem mantidos ou para a sua criação.

INSTALAÇÕES

Elas podem ser pequenas ou grandes, individuais ou coletivas e simples ou sofisticadas.

As gaiolas individuais podem ser feitas de arame galvanizado, de metal ou de madeira, mas com tampa de tela, de grade de arame ou de plástico duro e resistente.

A madeira para a fabricação de gaiolas ou caixas para *hamsters*, deve ser bem dura e forte, porque eles são animais roedores e podem abrir um buraco em um dos lados ou no piso da gaiola e fugir.

As suas paredes e o seu piso devem ser de madeira ou de metal e o seu teto de tela ou grades de arame.

A sua parte interna pode ser pintada, mas somente se for com uma tinta que não seja tóxica. Na parte externa, no entanto, pode ser empregada qualquer tinta, pois os *hamsters* não terão acesso a essa parte.

Embora as caixas individuais e as de reprodução possam ser menores, aconselhamos que tenham 40 a 60 cm de comprimento, 20 a 30 cm de largura e 25 a 30 cm de altura.

9.2.2.1. Gaiolas Coletivas

Elas podem ser de arame, folhas de flandres, madeira ou plástico, desde que duro e resistente.

O seu tamanho varia de acordo com a sua capacidade ou seja, com o número de *hamsters* que podem ser nelas colocados.

9.2.2.2. Cama

Todas as gaiolas ou caixas, de qualquer tipo ou tamanho devem ter toda a superfície do seu piso coberta por uma camada ou "cama" de maravalha fina ou serragem, sobre a qual permanecem todos os *hamsters*.

Essa cama deve ser de madeira bem seca e de preferência, de pinho. As madeiras que possuem óleo, não devem ser empregadas em camas para *hamsters*.

O objetivo dessa camada é absorver a urina e toda a umidade, mantendo as gaiolas sempre secas e sem cheiros. Ela serve, ainda, para aquecer os *hamsters*, principalmente no inverno, pois eles a juntam em um canto e fazem, aí, o seu ninho.

A maravalha ou serragem deve ser trocada, uma vez por semana.

9.3. COMEDOUROS

Existem diversos tipos de comedouros para *hamsters*. Entre eles, podemos mencionar um simples pote, o do tipo gaveta e até mesmo, alguns tipos automáticos.

9.4. BEBEDOUROS

Muitos são os tipos de bebedouros especiais para os *hamsters* e muitas as vasilhas que podem ser aproveitadas para fornecer água a esses animais. Entre eles, temos os potes de barro, de louça ou de vidro.

Temos, ainda, o bebedouro de vidro, tipo mamadeira e o de válvula ou tipo automático.

9.5. RODA GIRATÓRIA

Como os *hamsters* são animais muito vivos e ativos, necessitam fazer exercícios, todos os dias.

O mais prático e melhor, mesmo, é colocar em sua gaiola, uma roda gigante giratória, na qual eles andam e correm com muita facilidade e com maior ou menor velocidade o que, para eles, é um ótimo exercício que eles fazem diariamente.

9.6. NINHO

As fêmeas necessitam de um ninho, para ter nele os seus filhotes e os manter até serem desmamados. Ele deve ser tipo caixotinho, de preferência de metal, para não ser roído pelos *hamsters*.

Deve medir 15 cm de comprimento, 15 cm de largura e uma beirada de 4 a 5 cm de altura.

Devemos colocar dentro dele, uma camada de maravalha fina, palha fina ou qualquer outro material adequado, desde que esteja bem seco.

9.7. CAIXAS PARA TRANSPORTE

Para transportamos *hamsters*, devemos nos lembrar, sempre, de que eles são roedores que possuem dentes fortes e afiados, que gostam de roer e que o fazem, muitas vezes, para abrir buracos em gaiolas ou caixas, para poderem fugir.

Por esse motivo, para o seu transporte deve ser tomada uma série de cuidados. Assim sendo, aconselhamos o uso de:

1) ***caixas de papelão:*** somente quando o transporte for para pequenas distâncias, sendo os *hamsters* nelas mantidos por pouco tempo;

2) ***caixas de madeira:*** desde que bem resistentes, bem construídas e que possuam uma tampa de tela para um bom arejamento;

3) ***gaiolas de arame ou de tela com malhas bem estreitas:*** para que os *hamsters* não as atravesse, pois eles conseguem passar por buracos bem pequenos.

9.8. BRINQUEDOS

Os *hamsters* são bastante curiosos, brincalhões e gostam muito de fazer exercícios.

Para que eles se distraiam, podemos dar-lhes vários brinquedos, pois eles os apreciam muito, não parando de brincar com eles, o que nos proporciona, também, uma boa distração.

Entre os muitos brinquedos que eles apreciam e que, por isso, lhes podemos oferecer, temos: escorregadores; roda gigante; cilindro giratório; etc.

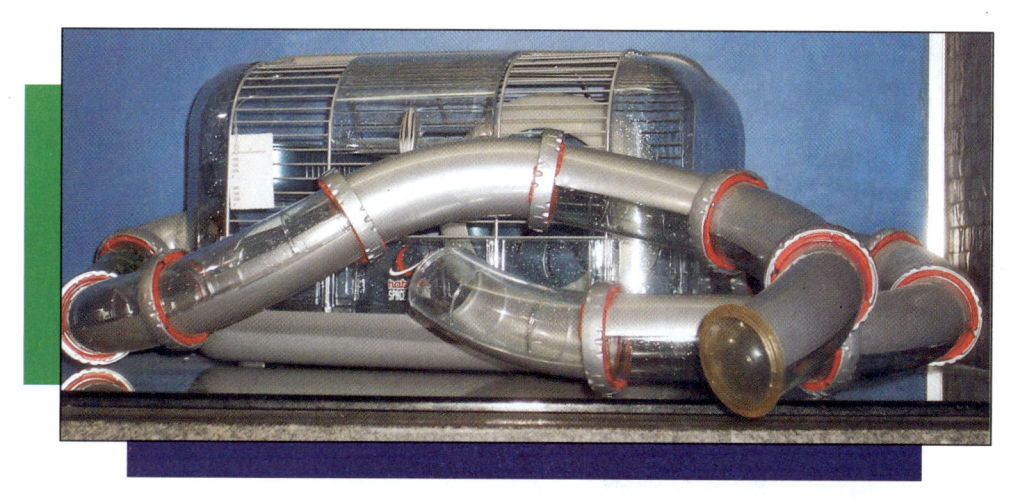

Gaiola com tubos externos
Proprietária Sra. Tereza Digiorgio - Mondo Sommerso - SP

Carrinho com roda motora e casinhas para os hamsters
Proprietária Sra. Tereza Digiorgio - Mondo Sommerso - SP

Gaiola plástica
com acessórios
internos
Proprietária
Sra. Tereza Digiorgio
Mondo Sommerso - SP

Capítulo X
Saúde e Doença

Os *hamsters* são animais pouco sujeitos a doenças e que dificilmente ficam doentes. Além disso são, também, muito pouco atacados por insetos, parasitas como pulgas ou por vermes, desde que sejam mantidos em gaiolas ou outras instalações adequadas e em boas condições de limpeza e de higiene. É importante nos lembrarmos de que os *hamsters* são animais muito limpos, que tomam banho todos os dias e que não gostam de sujeira.

Suas gaiolas ou caixas devem ser limpas e a sua cama trocada uma vez por semana, ou no máximo, de dez em dez dias e até com uma freqüência maior, quando isso for necessário.

Para lhes servir de "banheiro", os *hamsters* escolhem um dos cantos da gaiola, longe do seu ninho e no qual eles fazem as suas necessidades. Este lugar deve ser bem limpo, todos os dias. Para facilitar os serviços, podemos colocar, nesse local, uma caixinha de metal, com as beiradas baixas, para permitir a entrada dos *hamsters* quando "precisarem ir ao banheiro".

Os *hamsters* são animais de vida noturna, dormindo durante quase o dia inteiro e só acordando entre as 17:50 e 18 horas.

Ao despertarem, eles bocejam, se espreguiçam, sentam-se e começam a "tomar banho", ou seja, lambem todo o seu corpo e o esfregam com as patas, desde o focinho até à ponta da cauda.

Terminado o banho, eles começam as suas atividades, que se prolongam até às 8 ou 9 horas do dia seguinte.

Como são muito espertos e muito ativos, andam acelerados, sobem e mexem em tudo o que encontram, não somente por curiosidade, mas também para praticarem exercícios, brincam com os companheiros e começam a fazer os acasalamentos.

Os *hamsters* são, portanto, pequenos animais que devem ser sadios, espertos e ágeis, que possuem olhar vivo, pêlos lisos, brilhantes, curtos ou compridos e sem apresentarem falhas.

Além disso, não devem apresentar crostas, feridas, calombos ou corrimentos pelo corpo.

10.1. PARA TER UMA CRIAÇÃO SADIA

O *hamster* sadio mantém a sua cauda sempre levantada.

Uma das medidas mais importantes para que uma criação de *hamsters* se mantenha livre de doenças, é só introduzir nela, animais que estejam em perfeitas condições físicas ou de saúde. Devemos, também, isolar qualquer animal doente ou suspeito de estar com algum problema físico ou fisiológico.

Outro fator da máxima importância para manter uma criação sadia e com um bom desenvolvimento, é proporcionar aos *hamsters*, uma alimentação composta somente por alimentos limpos, saudáveis, frescos, bons e adequados às suas necessidades.

Devemos também, administrar sempre, aos *hamsters*, rações com um elevado teor de proteínas, por serem elas de grande importância, não só para a sua saúde e o seu desenvolvimento, mas também para a produção do leite e para evitar o canibalismo causado por uma carência alimentar.

Quando um *hamster* aparecer com a causa molhada, como se estivesse com diarréia, a sua alimentação deve ser melhorada, imediatamente. Além de melhorar a sua alimentação, devemos adminstrar-lhes vitamina D, quando aparecer algum *hamster* com paralisia, pois se trata, normalmente, de falta dessa vitamina ou também de exercícios, ficando o *hamster* com o nariz encostado no chão.

No caso de um *hamster* aparecer com torcicolo, ou seja, com o pescoço torcido para um dos lados, devemos aplicar-lhe vitamina B.

Para evitar, também, problemas gastro intestinais, não devemos deixar que frutas e outros vegetais fiquem acumulados nos comedouros ou nas gaiolas dos *hamsters*, para que elas não se estraguem ou que provoquem o aparecimento de fungos.

Nenhum alimento, seja sólido, como uma ração ou líquido, como o leite, devem ser colocados em vasilhas sujas ou que foram utilizadas principalmente para fungicidas, inseticidas ou para substâncias tóxicas ou venenosas, porque elas podem contaminar os alimentos nelas colocado, intoxicando ou envenenando e até matando os animais que os comerem.

Quando usarmos inseticidas para combater pulgas, carrapatos, formigas, traças, etc ou desinfetantes, para limpá-las, devemos retirar todos os *hamsters* das gaiolas, só os recolocando quando elas já estiverem bem limpas e secas.

Outras providências a serem tomadas, são:

1) impedir que os *hamsters* entrem em contato com camundongos ou com ratos;
2) não misturar *hamsters* adultos, para evitar que eles briguem, em geral com violência, fiquem feridos e que possam até se matar;
3) trocar a cama, sempre que necessário, principalmente quando estiver molhada ou suja;
4) se estiver fazendo muito frio, principalmente no inverno, cobrir a gaiola com um pano ou uma lona e levá-la para um local bem abrigado;
5) evitar correntes de ar sobre os *hamsters* ou sobre as suas gaiolas;
6) não permitir que pessoas doentes ou resfriadas lidem com os *hamsters*, ou deles se aproximem.

Acreditamos que, com os métodos apresentados no presente trabalho, muito mais fácil se tornará lidar com os *hamsters* ou desenvolver uma criação racional e técnica, desses pequenos animais.

10.2. LANÇA-CHAMAS

O método mais eficiente e mais rápido para uma desinfecção ou uma desinfestação de qualquer instalação, quando for possível o seu emprego, é o fogo, pois ele é o melhor destruidor de vírus, bactérias, vermes, parasitas internos ou externos, insetos, etc, que possam atacar os *hamsters*.

Por esse motivo, é aconselhável que o criador, principalmente quando possuir uma grande criação, disponha de um aparelho denominado lança-chamas, que facilita e dá maior segurança quando o fogo é empregado para desinfetar e desinfestar as instalações da criação de *hamsters*.

10.3. MATERIAL CIRÚRGICO

É aconselhável que o criador tenha sempre, à sua disposição, principalmente para casos de emergência, alguns materiais cirúrgicos como uma seringa de injeção com as suas agulhas, pinças, tesouras, bisturis, fios para suturas, gase, algodão, desinfetantes, anestésicos, etc.

Hamster chinês

Capítulo XI
Ensino e Treinamento

Os *hamsters* são pequenos animais muito mansos, muito inteligentes e que aprendem, com muita facilidade, a fazer uma porção de "coisas" e truques que fazem as pessoas se divertirem muito.

É necessário, no entanto, que eles sejam amansados, primeiro, para que percam a sua timidez ou medo naturais, adquirindo assim, confiança no seu treinador ou no seu dono e possam ser treinados ou ensinados com maior facilidade e rapidez.

Para isso, porém, é preciso adotarmos alguns critérios, como verificaremos no presente capítulo.

11.1. PARA AMANSAR

Os *hamsters* são de boa índole, mansos, curiosos e brincalhões mas, ao mesmo tempo, ariscos, fugindo rapidamente quando pressentem que vão ser agarrados por alguma pessoa.

Por esse motivo, quando alguém, inclusive o criador, deles se aproximar, deve fazê-lo devagar e com calma, com movimentos lentos e falando suavemente, para não assustá-los, e nunca bruscamente, pois este tratamento os faria ficar tensos, nervosos e se mantendo em guarda.

Quando os *hamsters* estão dormindo, o melhor é fazer algum barulho para que eles despertem, para que não acordem assustados.

Às vezes, por um acidente, eles caem ao chão e desmaiam, parecendo até, que vão morrer. Quando isso ocorrer, o criador deve pegá-los com todo o cuidado, na mão e soprar diretamente dentro da sua boca, pois isto representa uma respiração artificial, o mesmo que uma respiração boca a boca e, normalmente, é o suficiente para ele se reanimar e voltar respirar, evitando que morra por asfixia.

Para que os *hamsters* se deixem pegar sem medo, quando estão acordados, o seu dono deve ir colocando a mão bem devagarinho, dentro da gaiola e depois fica com ela parada.

Por curiosidade, os *hamsters* vão, imediatamente dela se aproximando, começam a cheirá-la e depois vão se afastando, mas sem apresentar nenhum medo. Eles repetem essa operação algumas vezes, acabam perdendo o medo e se deixam pegar normalmente, sem reagir ou tentar fugir.

Uma segunda maneira ou técnica para segurar os *hamsters*, é muito simples, bastando colocar uma guloseima como um biscoito, por exemplo, sobre a mão parada.

Quando os *hamsters* sentem o seu cheiro, vão dele se aproximando com cautela, o cheiram e se afastam. Eles repetem essa operação algumas vezes, vão perdendo o medo, cheiram, abocanham o biscoito e saem correndo para um dos cantos da gaiola para comer ou armazenar o alimento. Depois de algumas vezes, eles já passam a comer o biscoito, na mão do dono.

Depois de acostumados, os *hamsters* mesmo sem o biscoito, sobem na mão e pelo braço do seu treinador.

Quando isso acontece, é porque eles já adquiriram confiança no seu dono e já estão mansos e preparados para começarem o treinamento propriamente dito.

11.2. TREINAMENTO

Os *hamsters*, embora possam ficar muito calmos e mansos, possuem um temperamento nervoso. Por esse motivo, eles ficam muito nervosos e irritados com gritos ou com maus-tratos devendo, por isso, ser tratados com muita paciência e carinho, para que se sintam calmos e seguros, o que vem facilitar e muito, o seu treinamento.

Para treiná-los, o primeiro passo a ser dado é adotar sempre, a mesma forma de chamá-los e de lhes dar as ordens, o que devemos fazer pelos seus nomes, uma palavra de ordem, uma estalar de dedos ou até mesmo por um assobio ou por um apito.

O método mais indicado é o da recompensa e o melhor prêmio, uma guloseima de que os *hamsters* gostem, como um biscoito, por exemplo.

Para obter os resultados desejados, o treinador deve agir da seguinte maneira:

1) pegar uma guloseima e com ela chamar a atenção dos *hamsters* que, imediatamente, olham para ele e avistam o alimento que lhes é mostrado;

2) ir devagar, chegando mais perto dos *hamsters*, até que eles venham comer na sua mão.

Quando essa operação é repetida várias vezes, basta depois, que o criador os chamem para que venham imediatamente para perto dele.

Podemos considerar esta, como a mais importante parte ou etapa, fazendo com que os *hamsters* fiquem aptos a continuar o treinamento, aprendendo uma série de "coisas" como poderemos verificar a seguir, no presente capítulo.

11.3. A DANÇAR

Para ensinar um *hamster* a dançar é bastante simples e fácil. Para isso, o treinador chama a sua atenção e lhe mostra um biscoito. Quando ele chega perto da sua mão e quer pegar a guloseima, o seu dono ou criador levanta um pouco, o biscoito, o que obriga o animalzinho a se levantar e ficar "de pé", para segurá-lo com a mão ou abocanhá-lo.

Repetindo esse treinamento, em pouco tempo o *hamster*, logo que chega perto da mão do criador, já vai ficando de pé para pegar o seu prêmio, ou seja, a guloseima.

Vem, então, a segunda etapa do treinamento.

Quando o *hamster* fica de pé, para segurar o biscoito, o seu treinador movimenta o biscoito para um lado, depois para o outro e depois em círculos e que são seguidos pelo *hamster* que está querendo pegar o biscoito.

Com a repetição desses exercícios ele passa a acompanhar a mão do criador, mesmo sem o biscoito, seguindo os seus movimentos e no mesmo ritmo, parecendo, dessa maneira, que está dançando.

Podemos depois, fazer o *hamster* dançar sobre uma das nossas mãos, enquanto que, com a outra, movimentamos o biscoito.

11.4. ANDAR PELA COLEIRA

O *hamster* pode ser treinado a andar preso pela coleira, como um cachorrinho.

Para conseguirmos isso, devemos colocar uma coleira no pescoço do *hamster*, deixando-o com ela durante alguns dias até que ele se acostume.

É necessário, porém, nos lembrarmos de que o *hamster* possui duas bolsas, uma de cada lado do seu pescoço e que, por isso, a coleira deve ser de um modelo especial ou então, que só seja nele colocada durante os treinamentos ou nas horas dos passeios.

Assim que o *hamster* se acostumar com a coleira, não mais tentando tirá-la do pescoço, o seu dono deve prendê-la a uma guia de couro ou de plástico ou a uma correntinha. Depois, tenta puxá-lo por ela, fazendo uma pressão leve e lhe mostrando, ao mesmo tempo, uma guloseima, para atraí-lo.

Após repetir esse exercício algumas vezes, o *hamster* percebe que todas as vezes em que é puxado, ganha um prêmio e, por isso, passa a obedecer a ordem, andando todas as vezes em que é puxado.

11.5. PUXAR UM CARRINHO

Para treinar o *hamster* a puxar um carrinho, o procedimento básico é o mesmo que os adotados nos treinos anteriores.

O primeiro passo é o treinador colocar os "arreios", no *hamster*, para que ele se acostume com eles. Depois, ele deve ser treinado a andar com o arreamento, o que é feito com bastante facilidade. Basta, para isso, que o treinador fique a uma certa distância do *hamster* e lhe mostre uma guloseima, para que ele comece a caminhar e venha andando, para onde ele o está esperando, pois sabe que vai ser recompensado.

A etapa final desse treinamento, é atrelar o *hamster*, a um carrinho e mostrar-lhe a guloseima ou prêmio, que ele o sai puxando, normalmente. Nessa etapa do treinamento, o *hamster* puxa o carrinho, mesmo quando é levado pela guia presa à sua coleira.

11.6. CORRIDA DE HAMSTER

Existem várias formas ou categorias de corridas especiais para *hamsters*. Podemos destacar, entre elas, as que seguem.

1) *Hamsters* soltos livres, em pistas paralelas.

Para que ela possa ser realizada, existem em uma das cabeceiras da pista, vários boxes colocados um ao lado do outro e todos com portas que se abrem todas ao mesmo tempo, na hora da partida dos *hamsters* corredores.

Na outra extremidade da pista, ou seja, na da chegada, existem a linha de chegada pintada no chão e logo depois dela, os prêmios, ou seja, as guloseimas para atrair os *hamsters*.

2) Hamsters soltos, mas puxando um carrinho.

A técnica para fazer os *hamsters* correrem nesta modalidade de corrida é a mesma que a adotada quando eles correm soltos e livres, mas com a diferença de que cada um deles puxa um carrinho, ao qual está atrelado.

3) Hamsters dentro de rodas giratórias livres.

Elas são colocadas nas pistas e os próprios *hamsters*, ao andarem dentro delas, as fazem girar, se deslocando.

4) Hamsters dentro de rodas giratórias que acionam carros.

Os carrinhos têm como força motriz, que os impulsionam, os próprios *hamsters*, fazendo-os andar em pistas especiais nas quais são colocados.

Os *hamsters* são animais que podem aprender muitas coisas. Isso, no entanto, depende e muito, principalmente da paciência do seu treinador, mas os resultados do seu treinamento são os mais compensadores.

Hamster sírio marrom e branco com 30 dias

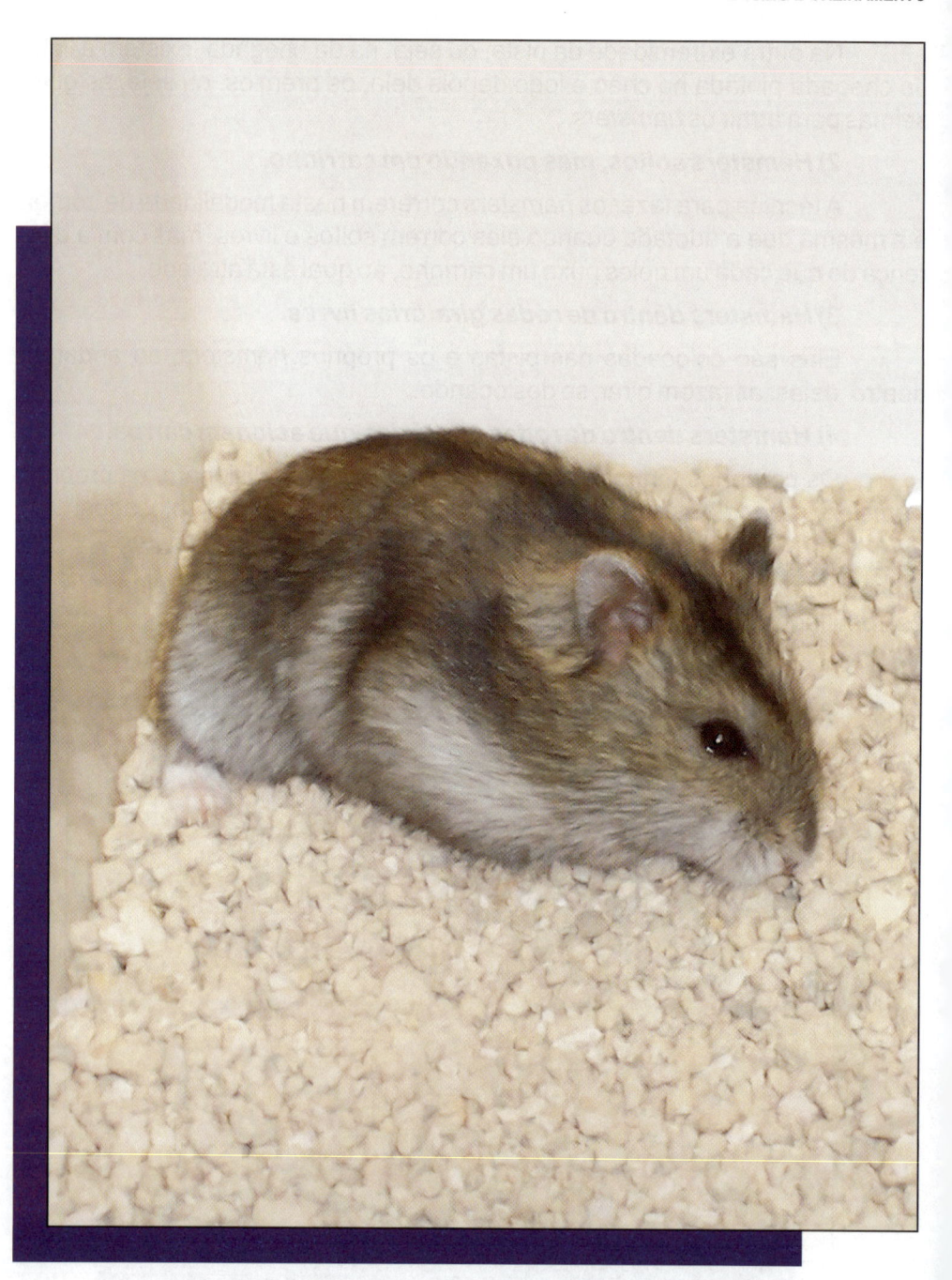

Hamster chinês - filhote com 30 dias

Capítulo XII
Hamster Chinês
(Cricetus griseus)

Essa espécie de *hamster* é originária do Norte da China e Sul da Rússia.

O *hamster* chinês é bem menor do que o *hamster* sírio, alcançando apenas a metade do se tamanho, pois não atinge mais do que 6 (seis) centímetros de comprimento.

Ele varia de cor, podendo ser encontrados *hamsters* chineses castanhos claros com branco e cinzas com branco.

Para adquirir um *hamster* chinês, como animal de estimação, a pessoa pode optar por uma fêmea ou por um macho porque, ao contrário da fêmea do *hamster* sírio, a do *hamster* chinês não fica irritada, não mordendo a pessoa que a maneja.

12.1. CRIAÇÃO

Como os *hamsters chineses* não brigam como o fazem os sírios, os casais podem ser mantidos juntos, na mesma gaiola.

Para iniciar uma criação, o criador deve adquirir *hamsters* novos, com 5 a 8 semanas de idade, pois eles melhor se adaptam ao novo ambiente e às novas instalações em que serão mantidos.

12.2. ESCOLHA DOS REPRODUTORES

A escolha dos reprodutores deve ser a mais rigorosa possível, pois deles, machos e fêmeas, vai depender a qualidade e valor zootécnico das crias e, portanto, o sucesso da criação.

Só devem ser escolhidos ou selecionados *hamsters* que sejam sadios, fortes e bem conformados, apresentando a cabeça arredondada, olhos salientes e brilhantes, orelhas erguidas e bem separadas e focinho úmido.

Sua pelagem é brilhante e uniformemente distribuída por todo o corpo. Os *hamsters* novos possuem fios de pêlos externos nas orelhas, mas que vão caindo com a idade.

Para escolher ou melhor, selecionar um *hamster*, devemos examinar rigorosamente todo o seu corpo, cabeça e membros, para verificar se ele não possui nenhum defeito físico ou fisiológico como, por exemplo, deformações, uma perna quebrada, manqueira, etc.

O *hamster* chinês vive apenas de 2 a 3 anos, mas começa a se reproduzir a partir dos 3 ou 4 meses de idade. Uma fêmea pode produzir de 30 a 70 filhotes por ano.

Normalmente, devem ser adquiridos ou mantidos 1 macho para 5 fêmeas.

12.3. REPRODUÇÃO

A maturidade sexual do *hamster* chinês macho ocorre aos três meses e meio e a da fêmea aos dois meses e meio de idade e ela entra no cio a cada 5 (cinco) dias.

O acasalamento entre eles ocorre, normalmente, ao anoitecer e durante a noite. Para isso, devemos juntar um casal em uma gaiola, durante uma semana. Nela deve existir uma casinha para lhes servir de abrigo, mas que não deve ser de madeira, para que os *hamsters* não a roam e até a destruam.

Realizado o acasalamento, o macho deve ser retirado da gaiola da fêmea, para evitar que o casal coma os filhotes recém-nascidos.

O período de gestação dos *hamsters* é de 21 dias. Nascem geralmente, 5 filhotes por parto, no caso de *hamster* chinês e 9 quando se trata de uma fêmea de *hamster* sírio.

A mãe deve ser bem alimentada, inclusive com vitaminas, e deixada bastante calma e sossegada, para produzir bastante leite para alimentar os seus filhotes.

A desmama ocorre, normalmente, quando os filhotes atingem 21 dias de idade.

Não devemos mexer no ninho após o nascimento dos filhotes, porque se a *hamster* sentir neles, algum cheiro estranho, pode abandoná-los, deixando-os morrer de fome ou então, ela pode praticar o canibalismo, devorando os próprios filhotes. Somente depois de eles atingirem 14 dias de idade é que devemos mexer no ninho.

12.4. DESMAMA

Quando os filhotes estiverem com 21 a 25 dias de vida devemos desmamá-los, separando-os da mãe.

Uma semana após a desmama dos filhotes, a fêmea já pode ser levada novamente, ao macho, para um novo acasalamento.

12.5. IDENTIFICAÇÃO DOS SEXOS

Nos filhotes, basta examinar os seus órgãos genitais.

No macho, o órgão genital fica bem mais separado do ânus do que na fêmea. Além disso, quando adulto, a bolsa escrotal do macho é bem visível, abaixo do seu ânus.

12.6. ALIMENTAÇÃO

Os *hamsters* devem ser alimentados com rações especiais para eles, encontradas no comércio, principalmente em casas especializadas ou *pet-shops*.

12.7. INSTALAÇÕES

Os *hamsters* chineses devem ser mantidos em gaiolas especiais para eles. Para um casal desses *hamsters*, deve ser empregada uma gaiola de arame medindo 20cm de comprimento por 15cm de largura e 20cm de altura.

No fundo da gaiola deve ser mantida uma camada de palha ou de maravalha fina (serragem) de pinho para proteger os *hamsters*, mas ela deve ser mantida sempre bem seca e limpa, por questões de higiene. As serragens de outras madeiras, em geral, não servem, porque são oleosas.

A gaiola deve possuir uma caixinha, em geral de acrílico e com, no mínimo, 100cm² para o casal de *hamsters* chineses, pois eles gostam de um abrigo para se acomodarem, arrumando uma cama para dormirem.

Para que eles o façam, basta colocar uma folha de jornal dentro da sua gaiola, pois a rasgam e com ela constroem o seu ninho.

Além disso, a gaiola deve ficar em um local em que os *hamsters* fiquem protegidos do frio e de ventos, principalmente correntes de ar, e dos raios solares diretamente sobre eles. As temperaturas ideais para os *hamsters* são as de 15° a 22°C.

Os *hamsters* podem ser criados, não só em gaiolas, mas também em aquários de vidro, desde que possuam tampas ventiladas.

Nos locais em que eles são criados, devem ser colocados alguns acessórios como bebedouros tipo mamadeira, um comedouro pesado ou preso à gaiola, para os *hamsters* não o virarem, entornando a ração, além da caixinha já mencionada, para o ninho.

Devemos colocar ainda, dentro da gaiola, uma roda giratória, para que os *hamsters* nela subam e andem, fazendo-a girar, o que, para eles é, não só divertimento, mas também, um bom exercício.

12.8. HIGIENE

Quanto maiores os cuidados com a higiene nas instalações e nos *hamsters*, melhor, para evitar problemas de saúde e o aparecimento de doenças.

Para isso, manter as gaiolas sempre o mais limpas possível e até mesmo desinfetadas.

Como rotina, é necessário, diariamente, lavar o comedouro e o bebedouro e trocar a comida e a água. Além disso, 2 ou 3 vezes por semana, devemos lavar bem o piso com água morna e depois secá-lo bem.

Após a limpeza, deve ser colocada uma camada de maravalha bem seca sobre a qual ficam os *hamsters*.